ガザ、ウクライナ…

# 戦争の論理と平和の条件

森原 公敏

# 目　次

はじめに　7

第Ⅰ章　ガザ戦争と国際秩序——国際法と自決権　17

1　戦争の現実　18
2　自決権の衝突　27
3　パレスチナ分割国連総会決議（A/RES/181〔II〕）　35
4　パレスチナの現実　45
5　和平交渉のとき　53

第Ⅱ章　ロシアのウクライナ侵略と欧州安全保障体制　69
1　「パリ憲章」から「欧州安全保障憲章」へ　71
2　対テロ戦争での米ロ協調　106
3　ロシアのクリミア併合とその後　127
4　ロシアのウクライナ侵略　138
第Ⅲ章　「大国間競争」と世界の平和秩序　143
1　米国の国家安全保障戦略――関与と介入の論理　145
2　抑止戦略と軍事介入の歴史　157
3　グローバル秩序の確立と世界分割　161
4　大国間競争とユーラシアの覇権　166
第Ⅳ章　「統合抑止」と軍事同盟　175
1　国家防衛戦略の核心――統合抑止　176
2　統合抑止と日米の軍事的融合　179
3　「統合抑止」論批判　185

4　抑止論の解けない矛盾　188
5　現実の抑止戦略　192

第Ⅴ章　安全保障の仕組みと平和の可能性　199

1　二つの戦争の行方と平和の条件　200
2　NATOと安全保障　205
3　安全保障の仕組みは変わるか　213
4　東アジアの平和構想　219

# はじめに

ロシアによるウクライナ侵略戦争は戦線が膠着《こうちゃく》したまま三年目に入り、イスラエルによるガザ攻撃は半年を超えて続き、戦火は広く中東地域に拡大する可能性が深刻化している。なによりも、二つの戦争の破壊と殺戮《さつりく》、とくに民間人の犠牲は甚大だ。

ガザでの壊滅的な民間人犠牲に対して、「ジェノサイド」（大量虐殺）を許すな、の声が国際的に広がり、国際司法裁判所（ＩＣＪ）はイスラエルにジェノサイド回避の措置を命じた。国連人道問題調整事務所（ＯＣＨＡ）の発表によると二〇二三年一〇月七日から二〇二四年三月七日までの五カ月間に、少なくとも三万八〇〇人のパレスチナ人がガザで殺害され、七万二二九八人のパレスチナ人が負傷した（ガザの保健省の統計）。イスラエル軍によると、地上作戦開始以来、ガザで同軍兵士二四五人が死亡、一四六九人が負傷している。二〇二四年二月二五日現在、ガザ住民二三〇万人の約七五パーセント（一七〇万人）が避難民となり、その半数以上が子どもである。ほとんどが、その場しのぎの建物やテント、あるいは野外で生活している。ガザ地区北部では子どもの栄養失調による死亡が始まっていると報告され、ガザ市では飢餓の発生が警告されている。

他方、ウクライナでは、国連人権高等弁務官事務所（ＯＨＣＨＲ）「国連ウクライナ人権監視ミッション」（ＨＲＭＭＵ）の二〇二四年二月末発表によると、ロシアによる侵略が開始された二〇二二年二月二四日以降、民間人の犠牲が死者一万六七五人、負傷者二万八〇人（うち子どもの死者五八九人、負傷者一三〇九人）にのぼる。破壊された医療施設六一カ所、一部破壊四〇七カ所、破壊された教育施設二四〇カ所、一部破壊八三六カ所。国外避難民は欧州に六〇四万人、全世界で六四八万人となっている。

ウクライナの戦場での犠牲の規模は巨大で、二〇二三年八月時点で、米マスコミが報じた米政府推計では両軍の死傷者の合計は五〇万人を超えている。ロシアは自国軍の損害を発表していないが、秘密解除された米国政府情報は昨年末の時点でロシア軍の死傷者三一万五〇〇〇人としている。ウクライナのゼレンスキー大統領は二〇二四年二月末、ウクライナ軍兵士の死者を三万一〇〇〇人と発表したが、実際の損害はより大きいと見られている。

「国際的な対立と国家間の紛争の再来か？」――ガザ戦争が勃発するほぼ二カ月前、世界で武力紛争が拡大する事態について、「オスロ国際平和研究所」（ＰＲＩＯ）は、そう警告していた（“Organized violence 1989-2022, and the return of conflict between states,” Journal of Peace Research, July 13, 2023.）。

世界の武力紛争の精密な分析を毎年発表しているＰＲＩＯ発行の『平和研究ジャーナル』は次のように分析している（本書執筆時では二〇二三年版が最新）。

ウクライナ侵攻という領土と政府をめぐる紛争により、二〇二二年は三年連続で、国家間の新たな、あるいは長らく潜在化していた領土紛争が武力紛争に発展した年となった。これまでに、中国とインドの紛争が数十年の鎮静化の後に二〇二〇年に再発し、二〇二一年にはキルギスタンとタジキスタンの国境紛争が活性化した。国家間武力紛争は、比較的まれな出来事ではあるが、近年頻度を増している。二〇二〇年代に入ってからの三年間で、すでに八件の国家間紛争が発生しており、これは二〇〇〇年代一〇年間の件数に等しい。

『平和研究ジャーナル』は、二〇二二年のロシアによるウクライナ侵略は、二〇〇三年のイラク戦争以来の大規模な国家間戦争というだけでなく、第二次世界大戦以来、国際システムの中で大国が初めて、領土的取得を狙い、かつ体制転換を通じて他国を隷属させようとした国家間武力紛争だと指摘。イラクがクウェート併合を試みて以来の、アメリカの覇権によって維持されてきたルールに基づく世界秩序に対する最も露骨な挑戦であり、ますます多くの国家が、国家間紛争に、また各国の非国家主体の反政府武力闘争に関与し、国際秩序の規範に挑戦している、と主張している。

実際、政府に反対して戦う非政府主体を外国が支援する国際化された国内紛争が、この一〇年間で増えている。二〇二二年にはこのような事例が年間五件と、過去最多を記録した。二〇〇〇年代の最初の一〇年間は七件だったものが二〇二〇年代の最初の三年間だけで、一三件が記録されている。この種の紛争の一年あたりの平均戦死者数は、国際化されていない国内紛争に比べて三倍以上になっており、紛争は長期化する。

米国主導の国際秩序に対して、ロシアと中国はともに、多極化した世界に独自の勢力圏を確立することで、既存の世界秩序を変更する意思を明らかにしている。歴史的に、覇権に関わる大国間競争は、

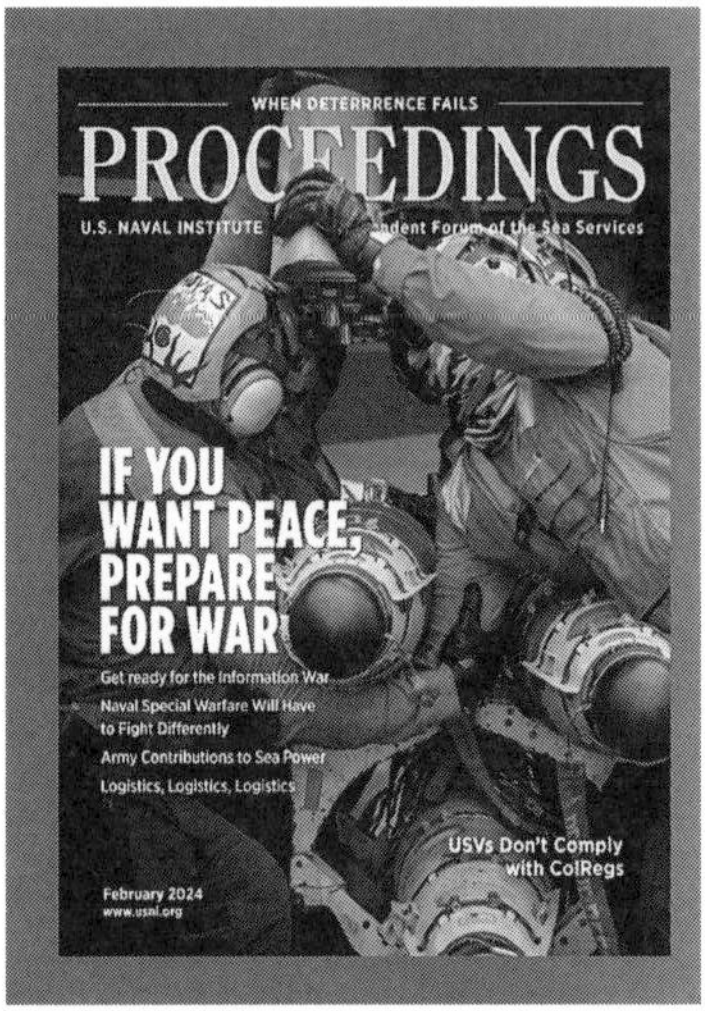

「平和を望むなら、戦争に備えよ」と米国海軍協会誌

軍拡競争、対立する同盟の形成、軍事化された紛争や危機の頻度の増加、国際化された武力紛争の拡大、より深刻な人道的影響に結びついてきた、とＰＲＩＯは指摘する。

一九四六年から一九八〇年まで、東アジアは世界の戦闘による死者の大部分（ある時期には九〇パーセント）を占めた。この数字は、中国が一九七八年から七九年にかけて米国との地政学的競争から経済発展へと舵を切った後、七パーセント未満に減少。ソ連が消滅した「冷戦」終結後には、東アジアにおける戦闘による死者数は世界の戦闘による死者数全体の三パーセント以下となった。逆に、この間はロシアのジョージア介入（二〇〇八年）、シリア介入（二〇一四～二二年）、ウクライナ介入（二〇一四～二二年）などロシアと米国・欧州諸国が対立勢力を支援する紛争が目立っている。

**「平和を望むなら、戦争に備えよ」**　こうした事態を直接の理由として、米国の軍事力と軍事同盟の強化を求める声が、これまで以上に大きくなっている。その一例が、米国海軍協会発行の月刊誌『プロシーディングス』二〇二四年二月号で、表紙に大きく「汝平和を欲さば、戦争への備えをせよ」と、ローマ帝国の軍事理論家ヴェゲティウスの警句を書き込んだ（写真）。二月号は、米海兵隊少将と海兵隊副長官補佐官共著の二〇二三年度最優秀懸賞論文「抑止が破綻《はたん》すれば、戦争が至上となる」を掲載している（“When Deterrence Fails, Warfighting Becomes Supreme”, Proceedings, February 2024）。論文は、第二次世界大戦時の真珠湾攻撃と現代のグアムに対する中国軍の攻撃の類推を取り上げ、次のように警告する。

ロシアによる二〇二二年のウクライナ侵攻は、抑止力の限界を見せつけ、通常戦争が死んだわけではないことを実証した。核保有国は依然として近隣諸国を侵略し、国家は依然として国益の名の下に人と資源を動員することができ、紛争は依然として血なまぐさい。……

戦争の性格の変化と、中国による世代を超えた挑戦は、これまでと同様に抑止力に焦点を絞る必要がある。しかし、ロシアのウクライナ侵攻は、抑止力が完全ではないことを思い起こさせるものとなった。競争中は、抑止力が頂点に君臨するが、抑止力が失敗した場合の紛争に備える時でもある。米国が抑止力ばかりを重視していると、紛争に備える機会、好機を逃してしまう。米国は効果的な抑止を行う一方で、戦力的な優位性を確保するための戦略と能力を進化させることが不可欠である。

米外交誌『フォーリン・アフェアーズ』（二〇二四年一月二六日）は、「次の世界戦争：今日の地域紛争はいかに、第二次世界大戦をもたらしたものに酷似しているか」と題するハル・ブランズ米ジョンズ・ホプキンス大学教授の論評を掲載した（Hal Brands, “The Next Global War : How Today's Regional Conflicts Resemble the Ones That Produced World War II”, Foreign Affairs, January 26, 2024）。

論評は、国際システムは今日、世界戦争をもたらした一九三〇年代の日独伊三国の地域覇権の野望と同じく、三つの急激な地域的課題に直面している、と主張する。

中国は、米国を西太平洋から追い出し、おそらく世界の超大国となる作戦の一環として、急速に軍事力を増強している。ウクライナにおけるロシアの戦争は、東ヨーロッパと旧ソビエト圏における優位性を取り戻すための長年の努力の残虐な主要事例だ。中東では、イランとその代理人であるハマス、ヒズボラ、フーシ派、その他多くの国々が、イスラエル、湾岸諸国、そしてアメリカに対して、地域の覇権をめぐって血みどろの闘争を繰り広げている。修正主義国家をつなぐ基本的な共通点は、彼らが望む偉大さを奪い取る米国主導の秩序を壊したいという願望である。

……

二〇二一年、バイデン政権はロシアとの「安定した予測可能な」関係を描くことができたが、ロシアは二〇二二年にウクライナに侵攻した。二〇二三年、米政府高官は中東が今世紀で最も静かな状態にあると判断したが、その直後には壊滅的で地域を不安定化させる紛争が勃発した。米中間の緊張は今のところ特に熱を帯びていないが、対立の激化と軍事バランスの変化は危険な組み合わせとなる。

その上で、「東アジアでの戦争が他の地域で進行中の紛争と結びつけば、ユーラシア大陸の三つの主要地域が一度に大規模な暴力で燃え上がるという、一九四〇年代以来の事態を引き起こす可能性がある」と警告する。

米軍の態勢は、「敵対的な大国と深刻な地域的脅威が一度に複数の舞台を脅かす世界に対して不十分なまま」だというこの「懸念」は、そのまま日本の専門家に共有される。

「ウクライナと中東の両方で戦火が燃え広がれば、台湾海峡と朝鮮半島の安全保障にも少なからぬ影響が及ぶだろう。いまの米国には複数の大きな紛争に、同時に対処できる軍事力はないからだ」（「日経」二〇二三年一〇月二一日付「アジア脅かす中東緊迫」）。この論評の結論は、次のようになる。

ウクライナや中東の混乱に乗じ、中国が台湾に侵攻したり、北朝鮮が南進したりしてからでは、手遅れだ。そうならないよう、米国と同盟国がさらに中朝への抑止を強め、軍事行動に出るのを防ぎ続けるしかない。……

その意味で昨年一二月、二七年度までに防衛費をほぼ倍増し、日米同盟をさらに深める方向に日本が踏み出したのは理にかなう。日米韓が八月中旬に首脳会談を開き、安全保障の連携を強めることになったのも朗報だ。……

アジアの米中軍事バランスは、すでに大きく中国の優位に傾く。……自衛隊の戦力を合わせても、日米の劣勢は変わらない。……

ただでさえそのような状況だとすれば、欧州と中東で同時に戦争になった場合、「より強気な行動に出られる余地が広がった」と、中朝が考えても不思議ではない。そう思わせないためには、米国と日韓がさらに抑止力を高めていかなければならない。……

遠く離れた地球の向こう側での戦争は、何らかのかたちでアジアにも荒波をもたらす。それは多かれ少なかれ、第二次世界大戦もそうだった。同じ危険があることを、米国とアジアの同盟国は改めて肝に銘じるときだ。

危険性（第二次世界大戦との比較はさておき）を認識せよとの主張はさておき、日本の防衛費倍増と米国との軍事同盟深化によって、中国のやろうとしている（とみなす）行動を阻止できるのか？　東アジアで戦争を起こさせない、最も確実な方法がそれなのか？　本書では、ガザとウクライナの戦争を対象に、二一世紀の現在の国際システムにおける「戦争の理由と平和の条件」を検討し、最終的には東アジアでの国家間の武力紛争を回避する可能性を考えたい。

ところで、戦争の理由を国際システムの問題として考える場合、さまざまな視点がある。

国際社会の最も根本的な特徴はその無政府性にあり、国際政治は国家の力関係をめぐる争いを基調としたものにならざるを得ないとするのがリアリズム（現実主義）の国際政治学の基本で、より単純に言えば、国連憲章は武力行使を禁止するがそれを強制する現実的メカニズムがないから戦争が起きる、となる。

しかし、それでは、国家と国家の武力紛争はまれにしか発生しないという現実を説明することはできない。現代でも、例えば一九九〇年代以降の東南アジアのように、ある地域、時代には国家と国家の武力紛争は発生していない。

本書は、自国の安全保障を確保しようとする行動が、自国を含むすべての国家の安全保障を低下させる結果となるいわゆる「安全保障のジレンマ」を視点に据える。

ある国家Aが防衛的な能力を高めることによって自国の安全保障を強化しようとするが、相手の国家Bは、Aが展開する軍事力は防衛的性質であると確認できない場合、これに対抗する。なぜなら、Aが展開する軍事力は防衛だけでなく攻撃にも使用される可能性があるし、Aが相手に攻撃する意図はないと納得させる方法がないためだ。Bが軍事力向上で対応すれば、AはBの意図を懸念し、軍事能力をさらに向上させざるを得ないと判断するだろう。

紛争を抱えた国は、双方ともに武力紛争に発展させることを望んでいないにもかかわらず、一方が（あるいは双方同時に）自国の存立あるいは重要な国益を防衛する方法が他にないと判断した場合、戦争の準備を考える。望んではいない戦争の準備が一定の水準に達し、敗北を回避するには実際に攻撃する以外になくなったと一方が判断すれば、武力紛争に至る。

相手の真の動機を確実に認識する方法はない。そのため、先に引用した三つの論文・論評は、相手を威嚇して敵対的行動を起こさせないための抑止力を持ち、さらに抑止が破綻した場合の戦争に勝利する軍事力を準備しなければならない、と提案する。しかし、さまざまな方法で信頼を醸成し、相互に相手側の意図の発展経路をたどれるようにすることは可能だ。それを最も適切に実現するものと位置付けられていたのが、例えば欧州安全保障協力機構（OSCE）という仕組みだった。

第Ⅰ章と第Ⅱ章で、安全保障のジレンマへの抑止力による対処がもたらした結果を検討する。第Ⅱ章では特に、OSCEの期待された機能が十分に発揮されなかった歴史的背景をたどる。第Ⅲ章と第Ⅳ章では、急激な経済成長を通じた大国としての影響力を拡大する中国と、その中国の台頭を押し留めようとする米国の「大国間競争」の実際を、米国の戦略文書に基づいて検討する。最後の章で、東南アジア諸国連合（ASEAN）の地域の安全保障共同体としての到達を基礎に、米中の覇権主義の争いを東アジアで武力衝突にさせないための条件、平和の可能性と安全保障の仕組みを考える。

※本文中、〔　〕内の記述は筆者の注釈です。

# 第Ⅰ章　ガザ戦争と国際秩序——国際法と自決権

## 1　戦争の現実

イスラエルの歴史学者、ユヴァル・ノア・ハラリ氏は、イスラエルのガザ攻撃開始直後、英紙ガーディアン（二〇二三年一〇月一二日付）に「イスラエル人とパレスチナ人は一九四八年以来最も危険な瞬間を迎えている」との論評を寄稿した。ユダヤ民族を含む人類の発展史を理知的な筆致で描いたハラリ氏だが、ハマスの攻撃の衝撃を次のように記している。

「イスラエルはつい先日、建国以来最悪の日を経験した。一九五六年のシナイ戦争、一九六七年の六日間戦争、二〇〇六年の第二次レバノン戦争で失った民間人と兵士の合計を上回る数のイスラエルの一般市民が、たった一日で虐殺されたのだ。イスラム原理主義組織ハマスに占領された地域からのニュースと画像には身の毛がよだつ。私自身の友人や親族の多くも、言語に絶する残虐行為の被害に遭った。これは、今やパレスチナの人々もまた、計り知れぬ危険に直面していることを意味する。中東で最強の国であるイスラエルが、痛みと恐れと怒りで青ざめている。私には、パレスチナの人々の目に現状がどう映っているかについて語る知識も道徳的権威もない。だが、イスラエルが最大の苦痛を覚えているこの瞬間、フェンスのイスラエル側からは、状況がどのように見えるか、警告を発したい」（Yuval Noah Harari, "Israelis and Palestinians are facing their moment of greatest danger since 1948", The Guardian, 12 Oct 2023.）。

### （1）敵対者の非人間化

ニューヨークタイムズ紙（二〇二三年一一月一六日付）は、「『ガザを消滅せよ』：戦争が解き放つイスラエルでの扇動的言辞」の見出しで、「一〇月七日、ハマスの武装集団がガザから襲撃して推定一二〇〇人のイスラエル市民と兵士を殺害して以来、イスラエル全土に衝撃、悲しみ、痛みが連鎖している。怒りや復讐への渇望もまた同様で、しばしば一線を越えている」と報じた。著名イスラエル人の扇情的発言が民間人殺戮と大量追放のような考えを常態化させている、と言う。

攻撃から二日後、ガラント国防相は、「我々は人の顔をした動物と戦っており、それに従って行動している」と、イスラエル軍のハマス撲滅計画を説明した。ベネット元首相は「我々はナチスと戦っているのだ」と宣言した。

ネタニヤフ首相はイスラエルが地上侵攻を開始した一〇月二八日にヘブライ語で行った演説で、「我々の旧約聖書は、アマレクが何をなしたかを記憶しなければならないと言う――我々はしっかり覚えている」と、「男も女も子供も幼児も」絶滅せよとの旧約聖書「サムエル記」での呼びかけの対象とされている古代イスラエルの敵アマレクに言及した。ユダヤ教の学者の中には、この聖句のメッセージは文字通りの意味ではなく比喩《ひゆ》的なものだと主張する者もいるが、同首相の言葉は広く反響を呼び、演説の動画はSNSで共有された。

ガザへの核攻撃のアイデアは一一月五日、極右政党所属のエリヤフ遺産相によって提起された。彼はヘブライ語のラジオ局で、ガザには非戦闘員など存在しないと語り、核兵器使用が選択肢の一つだと発言。ネタニヤフ首相は、エリヤフ氏の発言は「現実離れしている」とし、停職処分にしたが、アラブ連盟は声明でエリヤフ氏の発言は「核兵器保有を認めた」ものだとし、イスラエルによるパレスチナ人差別の実態を裏付けていると非難した。

また、イスラエルのポップ歌手エリアル・ゴラン氏は一〇月一五日、チャンネル14のインタビューで「ガザを消滅させろ。一人も残してはならない」と発言。ネタニヤフ首相の妻サラ・ネタニヤフ氏は一〇月一〇日のラジオ・インタビューで、ハマスについて「私は彼らを人間の顔をした動物とは呼ばない。動物を侮辱することになるからだ」と述べた。イスラエルの右派チャンネル14の司会者イノン・マガル氏は一〇月七日、X（旧ツイッター）に「ナクバ2の時が来た」と書き込んだ。一九四八年のイスラエル建国時のパレスチナ人の大量追放・避難を、パレスチナ人が「ナクバ」（大惨事）と呼ぶことを指している。

一一月一一日、ディヒター農業相は、ガザでの軍事作戦は、パレスチナ人を大量に移住させることを明確に意図したものだと述べ、「我々は今、ガザのナクバを展開しているのだ」とテレビ・インタビューに答えた。実際、CNNは一一月四日、イスラエル諜報省がパレスチナ自治区ガザ地区の住民数百万人規模のエジプト・シナイ半島への移送を提案した文書をまとめ、その後にこの文書が外部へ流出していたと報道している。

諜報省の文書は一〇月一三日付で、イスラエルのウェブサイト「シチャ・メコミット」に漏出していた。文書は、ハマスとイスラエル軍の軍事衝突に巻き込まれるガザ住民への対応策について三つの選択肢を提示。「選択肢C」ではガザ住民のシナイ半島北部への移動がイスラエルの長期的な安全保障にとって最善の策と位置づけていた。

イスラエル首相府は声明で、文書は予備的な調査の色合いの強い、「政治や安全保障レベルでよく準備される数多くの文書」と説明した。

## （2）国際司法裁判所、イスラエルにジェノサイド防止命令

圧倒的な軍事力による無差別攻撃と、ガザを閉鎖し人道援助も厳しく制限するというイスラエルの戦争戦略には、「ジェノサイド（大量虐殺）を許すな」との厳しい国際的な批判が上がった。そうした中、南アフリカは二〇二三年一二月二九日、パレスチナ人に対するジェノサイドの疑いについて、「ジェノサイド条約」*に基づき、イスラエルを相手取り国際司法裁判所（ＩＣＪ）に提訴した。南アフリカが提出した八四ページに及ぶ申立書は、イスラエルの「より広範なパレスチナの国民的、人種的、民族的集団の一部としてガザのパレスチナ人を破壊するために……必要な具体的意図をもって行

った本質的にジェノサイドとしての」行為と不作為を非難している。

＊ジェノサイド条約（集団殺害罪の防止及び処罰に関する条約、一九四八年）

第二条：この条約では、集団殺害とは、国民的、人種的、民族的又は宗教的集団を全部又は一部を破壊する意図をもって行われた次の行為のいずれをも意味する。

(a) 集団構成員を殺すこと。

(b) 集団構成員に対して重大な肉体的又は精神的な危害を加えること。

(c) 全部又は一部に肉体の破壊をもたらすために意図された生活条件を集団に対して故意に課すること。

(d) 集団内における出生を防止することを意図する措置を課すること。

(e) 集団の児童を他の集団に強制的に移すこと。

南アフリカは、イスラエルがジェノサイドを犯したかどうかの判断が出るまで、イスラエルに軍事行動の停止を命じるよう裁判所に求めていた。

ＩＣＪは、ジェノサイド訴訟を進める法的権利を有すると裁定。ジェノサイド条約に基づく妥当な事例が存在し、ガザのパレスチナ住民は回復不能な損害を被る現実的なリスクにさらされていると判断し、二〇二四年一月二六日、イスラエルに対し、最終判決を言い渡すまでの以下の暫定的な措置を命じた。

（1）イスラエル国は、ガザのパレスチナ人との関係において、「ジェノサイドの罪の防止及び処罰に関する条約」に基づく義務に従い、特に、この条約第二条の範囲内のすべての行為の実行を防止するため、その権限に属するすべての措置をとる。
（2）イスラエル国は、その軍隊が上記1に掲げるいかなる行為も行わないことを直ちに確保しなければならない。
（3）イスラエル国は、ガザ地区のパレスチナ人集団の構成員に関してジェノサイドを直接かつ公然と扇動する行為を防止し、及び処罰するため、その権限に属するすべての措置をとる。
（4）イスラエル国は、ガザ地区のパレスチナ人が直面する不利な生活条件に対処するために緊急に必要とされる基本的サービスおよび人道的支援の提供を可能にするために、即時かつ効果的な措置をとる。
（5）イスラエル国は、ガザ地区のパレスチナ人集団の構成員に対する「ジェノサイド犯罪の防止及び処罰に関する条約」の第二条及び第三条の範囲内の行為の申し立てに関連する証拠の破壊を防止し、その保全を確保するための効果的な措置をとる。
（6）イスラエル国は、この命令の日から一カ月以内に、この命令を実施するためにとられたすべての措置に関する報告書を裁判所に提出する。

ＩＣＪは命令の序文冒頭で、「当裁判所はまず、本訴訟が提起された直接的な背景を想起することから始める。二〇二三年一〇月七日、ハマスおよびガザ地区に存在する他の武装集団がイスラエルで攻撃を行い、一二〇〇人以上が死亡、数千人が負傷、約二四〇人が拉致《らち》され、その多くが人質として拘束され続けている。この攻撃の後、イスラエルは陸、空、海による大規模な軍事作戦をガザで開始し、大規模な民間人犠牲者、民間インフラの大規模な破壊、ガザの圧倒的多数の住民の避難を引き起こしている。当法廷は、この地域で繰り広げられている人間的悲劇の大きさを痛感しており、人命の損失と人的被害が続いていることを深く憂慮している」と表明している。

第四七パラグラフでは、「国連人道問題担当事務次長兼緊急救援調整官のマーティン・グリフィス氏による二〇二四年一月五日の声明に留意する」として、声明を引用している。

ガザは死と絶望の場所となっている。

……市民の安全のために移転するように言われた地域は、砲撃を受けている。医療施設は容赦ない攻撃を受けている。部分的に機能している数少ない病院は、外傷患者であふれかえり、すべての物資が決定的に不足している。

公衆衛生上の災害が起きている。過密状態の避難所では、下水が流出し、伝染病が蔓延《まんえん》している。この混乱の中、毎日一八〇人ものパレスチナ人女性が出産している。人々は過去最高レベルの食糧難に直面している。飢饉は間近に迫っている。

特に子どもたちにとって、この一二週間はトラウマとなるものだった。食べ物がない。水もない。学校もない。毎日、毎日、恐ろしい戦争の音だけが聞こえてくる。

ガザは人が住めなくなってしまった。ガザの人々は、世界が見守る中、自分たちの存在そのものが脅かされているのを日々目の当たりにしている。

ＩＣＪは最後に、ハマスに人質解放を要求している。「当裁判所は、ガザ地区におけるすべての紛争当事者が国際人道法に拘束されていることを強調する必要があると考える。当裁判所は、二〇二三年一〇月七日のイスラエル攻撃で拉致され、それ以来ハマスやその他の武装集団に拘束されている人質の運命を憂慮し、彼らの即時かつ無条件の解放を求める」。

ＩＣＪは、南アが求めたガザでの即時停戦命令にはふみ込まなかった。その意味では、ガザ住民にとって、直ちに救済をもたらすものではない。しかし、判決は、世界のイスラエルに対する認識と対処についての「深刻な変化」を反映している。ニューヨーク・タイムズ紙（二〇二四年一月二七日付）は次のように報じている。

「虐殺、殺戮は続き、破壊は続いている」と元パレスチナ自治政府高官のハナン・アシュラウィ氏は述べつつ、「イスラエルは初めて、しかも国際司法裁判所によって、ほぼ全会一致の判決によって、責任を問われた」と付け加えた。……

世界法廷の一七人の裁判官の中で、唯一のイスラエル人裁判官である八七歳のアハロン・バラク氏は幼い頃、リトアニアのユダヤ人ゲットーから袋の中に隠れて脱出し、ホロコーストを生き延びた。「イスラエルがジェノサイドを犯したと非難されることは、ジェノサイドの生存者として、ユダヤ人国家、民主主義国家としてのイスラエルの法の支配へのコミットメントを深く認識している私にとって、個人的に非常につらいことだ」と述べた。バラク氏は裁判所の判断全てに反対するとのイスラエルの期待に反して、ＩＣＪの命令のうちのいくつかに反対票を投じた。

イスラエルのネタニヤフ首相はＩＣＪの判断に対して、ハマスに対するガザ地区での軍事作戦はイスラエルの自衛権の行使だと繰り返し、「イスラエルのこの権利を否定することはユダヤ人の国家に対するあからさまな差別であり、拒絶する」と表明した。

米国務省報道官は、「（イスラエルによる）ジェノサイドとの主張に根拠はないと確信している」とのべた。欧州連合（ＥＵ）は、イスラエルとハマス双方がＩＣＪの判断を「完全に、即時順守することを望む」との欧州委員会声明を発表した。

**ジェノサイドと国際人道法**　米国政府は一貫して、イスラエルの軍事作戦を擁護し、人道停戦にも反対してきたが、イスラエルに攻撃規制を求めざるを得なくなっている。実際、「米議会調査局」（ＣＲＳ）文書「イスラエル・ハマス二〇二三年一〇月紛争：よくある質問」（二〇二三年一二月二〇日付）は、「紛争当事者は国際人道法でいかなる責任を負っているか？」の項目を立て、「ハマスやイスラエル軍をはじめ、戦闘に参加する他の国家軍や非国家武装集団を含む現在の紛争当事者はすべて、紛争中に民間人や戦闘員に過度の苦痛を与えることを国際人道法（ＩＨＬ）で禁じられている」と説明している（"Israel and Hamas October 2023 Conflict: Frequently Asked Questions"）。

文書は、「ＩＨＬの基本原則には、⑴文民と戦闘員の区別、⑵降伏または負傷した戦闘員を含む、武力紛争に参加していない者（戦闘不能者）に対する攻撃の禁止、⑶不必要な苦痛の付与の禁止、⑷敵の軍事力を弱めるために必要な場合にのみ軍事行動を認める必要性の原則、⑸民間人に傷害や死亡をもたらす軍事行動や、得られる軍事的利益との関係で過大な民間施設への損害をもたらす軍事行動を禁止する比例の原則」があると指摘。その上で、「国際人道法違反は、すでに起きているか、現在進行中かもしれない」として、以下の問題を列挙している。

◎一〇月七日の民間人に対する攻撃と民間人の人質事件。

◎民間人および民間地域に対する意図的または無差別的な攻撃、ならびに礼拝所、病院、学校を含む民間および文化的建造物の破壊。

◎民間人を攻撃したり、飢餓に陥れたり、人道支援を拒否したり、民間人の生存に不可欠な物を破壊したりする計画を説明する紛争双方の当局者の声明、およびそのような計画や行動の実施。

ＣＲＳ資料は、イスラエルも「パレスチナ国」も、ＩＨＬ違反の犯罪（「戦争犯罪」）、民間人に対する組織的な広範な攻撃（「人道に対する罪」）、いかなる集団に対する全部または一部の意図的な破壊（「ジェノサイド」）を防止し、処罰することが求められる、と説明している。

## 2　自決権の衝突

国際社会の厳しい批判を浴びながらも、イスラエルは、自衛の権利を主張してガザでの無差別攻撃を止めない。イスラエルは具体的な戦争目的を、ハマス指導部の殺害あるいは拘束、できるだけ多数のハマス戦闘員の殺害・拘束とその軍事力の破壊、加えて拉致された人質の救出、と主張している。

### (1) パレスチナ分割と「自決権」の管理

要するに、ハマス壊滅を通じた安全保障の確保を求めているのだが、すでに多くの専門家が指摘しているように、ハマスを壊滅できたとしても(不可能なのだが)、イスラエルの安全が保障されることにはならない。なぜなら、今回のハマスによるイスラエルへの攻撃は「真空状態の中で起こったのではない」からだ。

「ハマスによる攻撃が真空状態の中で起こったのではないことを認識することも重要だ。パレスチナの人々は五六年間、息苦しい占領にさらされてきた。彼らの土地は入植地によって着実に食い荒らされ、暴力に悩まされ、経済は抑圧され、人々は家を追われ、取り壊されてきた。自分たちの苦境を政治的に解決したいという希望は消えつつある」(グテーレス国連事務総長、二〇二三年一〇月二四日、国連安全保障理事会)。

グテーレス発言は、まず初めに、「ハマスによる恐るべき前代未聞のテロ行為は全く正当化できない」と言明した上でのものだったが、イスラエルの国連大使は発言を拒否し、事務総長の辞任を要求した。イスラエル国の存続の正当性に対する一筋の批判も曖昧《あいまい》さも許されない、との意思表示だった。

古くからパレスチナに住んでいたユダヤ人は、他民族支配の下で世界に離散、少数派として二〇〇〇年に及ぶ迫害を受け（最悪のものが第二次大戦時のナチス・ドイツによるユダヤ人約六〇〇万人を虐殺した「ホロコースト」）、戦後、一九四七年の国連パレスチナ分割決議にもとづいてイスラエルを建国した。

しかし、その結果、パレスチナ分割を受け入れないアラブ諸国とイスラエルの間で第一次中東戦争（一九四八年）が勃発。パレスチナ人の暮らす二〇〇以上の村が破壊され、七〇万人以上のパレスチナ人が故郷と家を失い、難民となって、ガザ地区とヨルダン川西岸の他、ヨルダン、シリア、レバノン、イラクなどに逃れた。国連総会は、「故郷に帰還を希望する難民は可能な限り速やかに帰還を許す、そう望まない難民には損失に対する補償を行う」と決議した（決議一九四、一九四八年一二月）が、イスラエルは難民の帰還を認めていない。当初七〇万人だったパレスチナ難民は、避難先で世代を重ね、現在では約五六〇〇万人に達する。

戦後のイスラエル・パレスチナ問題の始まりとなった国連総会のパレスチナ分割決議は、「民族自決権」の衝突による国際平和への脅威を管理するとの意図を表明している。

## （2）帝国主義支配とパレスチナ

一九四七年国連パレスチナ分割決議にいたる帝国主義のパレスチナ支配の歴史は、帝国主義間の世界再分割戦争だった第一次世界大戦の後に限ってもきわめて錯綜《さくそう》している。

メソポタミア・パレスチナ地域を支配してきたオスマン帝国は、イギリス、フランスの中東進出、ロシアとの対立の中で、ドイツ・オーストリアの同盟側について第一次世界大戦に参戦して敗北する。イギリスは、オスマン帝国解体と将来の中東支配に向けて、オスマン帝国からの独立を目指すアラブ人と、同時にパレスチナに民族国家建設をめざすユダヤ人とも、取引をすすめ、その背後ではフランスと中東分割支配の密約という よく知られた「三枚舌外交」を展開する。

イギリスは、第一次世界大戦勃発の翌年一九一五年七月から、オスマン帝国で半自治的な位置づけにあったヒジャーズ（現在のサウジアラビアの北西部でイスラムの聖地メッカ、メディナを含む）を支配する太守フサイン・イブン・アリーとイギリスの駐エジプト高等弁務官ヘンリー・マクマホンとのやり取りで、オスマン帝国のアラブ人居住地域の独立支持を約束する（フサイン＝マクマホン協定）。独立の約束でアラブをイギリス陣営に引き込み、オスマン帝国と戦わせることが目的だった。フサインは一九一六年に「ヒジャーズ王国」の独立を宣言して「アラブ反乱」を開始、イギリス軍の支援を受け一九一八年にはダマスカスまで進撃する（映画「アラビアのロレンス」に描かれている）。フサインはイラク・シリア・アラビア半島を含む大アラブ王国を構想していた。

しかし、イギリスはフランスとオスマン帝国の領土分割の交渉をすすめ、一九一六年五月には中東分割・秘密協定（サイクス＝ピコ協定）に合意していた（図1）。「アラブ反乱」開始前の時点で、すでにフサイン＝マクマホン協定の約束は破られていた。

これに、ダーダネルス・ボスポラス海峡、イスタンブール、ロシア隣接地域をロシアの勢力範囲というロシア帝国との密約が加わるのだが、一九一七年一一月のロシア革命後にソビエト政府がこの秘密協定を暴露する。

一方、イギリスは一九一七年一一月には、欧米のユダヤ社会の戦争への支持確保の目的で、外相バルフォアがイギリスのユダヤ系貴族院議員ロスチャイルド男爵に書簡を送り、イギリス政府はパレスチナにおけるユダヤ人の民族郷土（ナショナル・ホーム）の建設を支持すると以下のように宣言した。

**図1　サイクス＝ピコ協定による領土分割**

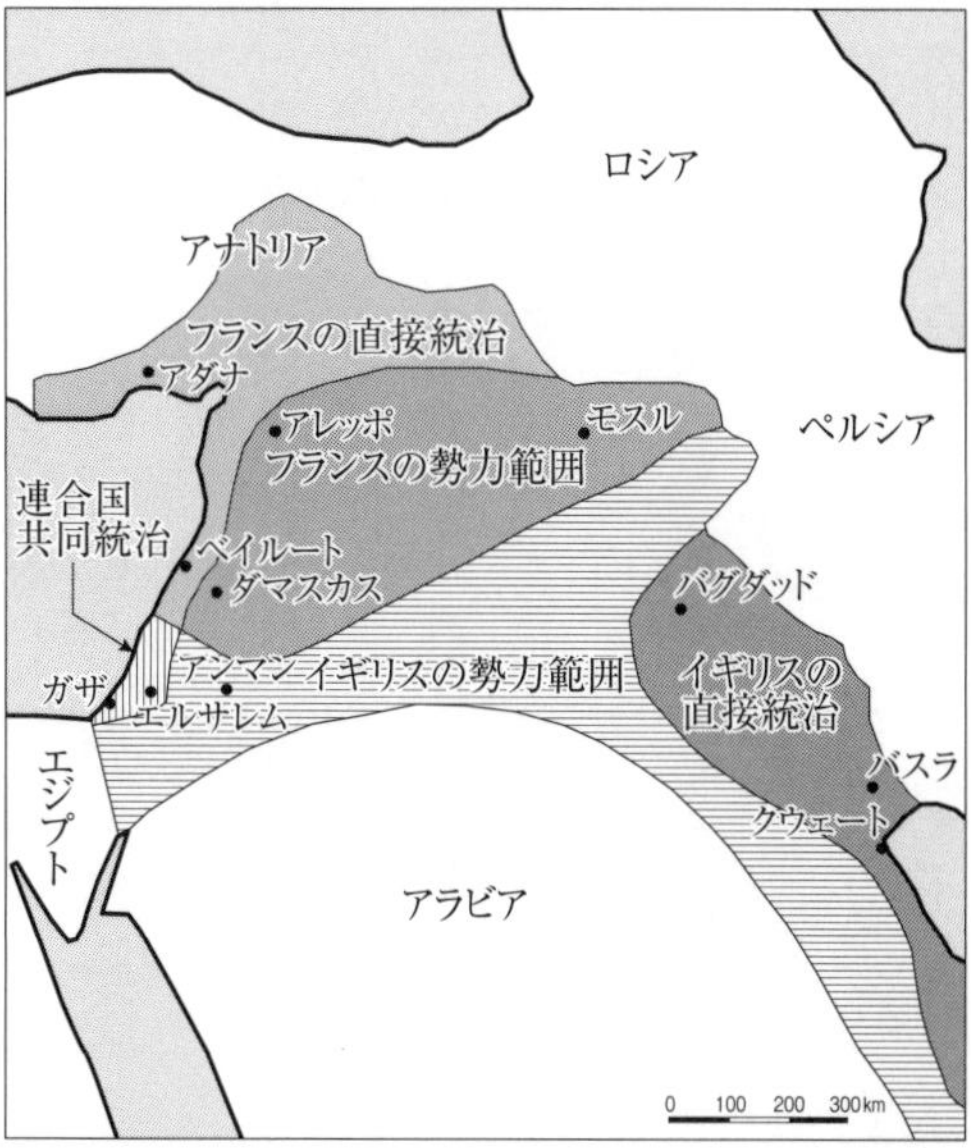


「英国政府は、ユダヤ人がパレスチナの地に民族郷土を樹立することを好ましいと考えており、この目的の達成を円滑にするために最大限の努力を払うものとする。ただし、これは、パレスチナに在住する非ユダヤ人の市民権、宗教的権利、及び他の諸国に住むユダヤ人が享受している諸権利と政治的地位を、害するものではないことが明白に了解されるものとする」。

これに対し、アラブの側からは、「イギリスは、『土地なき民族のための民族なき土地』という偽りのレトリックで、ユダヤ人にパレスチナでの国の建設を認めた。『権利のない者が、受け取る資格のない者に与えた』約束だ」との非難が浴びせられた。世界のユダヤ人人口約一二〇〇万人のうちパレスチナにいるユダヤ人は五万人で、一方、六五万人のアラブ系住民がパレスチナで何千年も続く生活を営んでいるではないか、と。

第一次世界大戦に勝利した連合国は一九二〇年四月、オスマン帝国との講和条件を確定するサン・レモ会議で、サイクス＝ピコ秘密協定に基づき、アラビア半島以外のメソポタミア・パレスチナなどのアラブ人居住地域のイギリスとフランスによる分割管理、バルフォア宣言の確認とともに、英仏による中東の石油利権の独占を決定した。

一九二〇年一月発足した国際連盟は、一九二二年七月の理事会で、サン・レモ会議の決定どおりパレスチナをイギリスの委任統治領とすると決議した。さまざまな宗教や民族が混在していたシリア・パレスチナ地域やイラク地域の国境線は、イギリスとフランスの利害に従って線引きされた。

イギリスは一九二二年九月、国際連盟の承認の下に、パレスチナ委任統治領をイギリス直轄支配のヨルダン川以西のパレスチナと、ヨルダン川以東の自治領トランスヨルダンに、二分した。トランスヨルダンの創設は「フサイン＝マクマホン協定」を踏まえて、とされた。

イギリス委任統治領メソポタミアについて、イギリスのアラブ専門家は、クルド人の多いモスル州、スンナ派やシーア派の混住するバグダード州、シーア派中心の南のバスラ州を一つの国としてまとめ、スンナ派を重視することを主張した。一九三〇年のイギリス＝イラク条約でイラクは独立へと向かう。一九二七年には北部キルクークで油田が発見されていたが、イギリスによる石油支配は続いていた。

イギリスとフランスによる帝国主義的分割は、シリア南部と南メソポタミア、さらにトルコ・シリア・イラク・イランなどにまたがるクルド民族の居住するクルディスタンなどにも及んでいる。

その後、パレスチナではイギリスの植民地支配に抵抗するアラブ人によるさまざまなたたかいが展開される。第二次世界大戦直前の一九三〇年代後半には、パレスチナではイギリスの支配とユダヤ人の大量入植に反対するアラブ人の大規模な独立闘争が発展したが、イギリスの激しい武力弾圧を受けた。

イギリスは一九三九年にはパレスチナ白書（マクドナルド白書）を発表し、すでに大量のユダヤ人の入植が行われてユダヤ人の「民族郷土」は成立したとして、「統一パレスチナ国家」の一〇年以内の独立を示した。また、以後のユダヤ人移民の規模にはアラブ人の同意を必要とするとし、アラブ人からユダヤ人への土地売却を規制した。ユダヤ人はこれに激しく反発したが、アラブ側も独立の一〇年先延ばしに反発した。

第二次世界大戦後、イギリス外相ベヴィンの次のようなメッセージが、在英米国大使館から米国務長官へ極秘電報で送られている（一九四七年二月七日付）。「過去二五年間、アラブ人の利益を毀損《きそん》することなく、ユダヤ人の正当な願望を促進するために最善を尽くしてきた。しかし、委任統治の負託に沿って『自治制度の発展を保証する』ことができなかった。なぜなら、アラブとユダヤ双方が受け入れ可能な協力の基礎を見いだせなかったからだ。自治の方向へ発展する時が来ており、もはや先延ばしすることはできない」。

一九一八年に第一次世界大戦が終結するとパリ講和会議で民族自決の原則が唱えられたが、その土台となっていたウィルソン米大統領の一四カ条平和原則にいう民族の自決と独立は東・中欧に限定されたものだった。アラブ地域はサイクス＝ピコ秘密協定のとおり、イギリスおよびフランスの委任統治領として分割されることになった。

前年のロシア十月革命の翌日にソビエト政府が公布した「平和に関する布告」が「ヨーロッパに住んでいるか、遠い海外諸国に住んでいるかに関わりなく」民族自決の原理はすべての民族の権利であると宣言したことの意義が注目されるのだが、一九四五年の国連憲章の策定においても英、仏（また米国も）の立場は、自決権を全面的に認めるものではなかった。

国連憲章第一条第二項は「人民の同権及び自決の原則の尊重」を謳《うた》っているが、「国際信託統治制度」を定めた第一二章では、「信託統治制度の基本目的」は、「自治又は独立に向っての住民の漸進的発達を促進すること」（第七六条）とされた。国連総会が「植民地諸国、諸国民に対する独立付与に関する宣言」（植民地独立付与宣言）を反対票なしで可決したのは一九六〇年一二月だった（その際も、米、英、仏、ベルギー、ポルトガル、スペインと少数派白人支配の南アフリカは棄権した）。

国連総会がパレスチナ問題を検討する一九四七年という時期は、東アジアではビルマ、インドネシア、ベトナムがそれぞれ、イギリス、オランダ、フランスとの独立戦争を展開し、インド、パキスタンが独立し、アフリカ大陸でもアルジェリア、チュニジアやギニア、ガーナをはじめ民族解放運動組織が結成された時代だった。

## 3　パレスチナ分割国連総会決議（A/RES/181〔II〕）

第二次世界大戦後、イギリスはホロコーストを生き残ったユダヤ人のパレスチナへの移民を認めるよう迫られていたが、一九三九年白書に基づいてユダヤ人の移民を制限していた。ユダヤ人は移民制限を拒否し武装抵抗を開始し、アメリカは移民制限政策の廃止を迫った。しかし、イギリスのパレスチナ当局は、パレスチナにおいてアラブ人、ユダヤ人双方の武装組織が活動し公共の秩序を乱している間は、大規模移民は受け入れられないとの立場を維持した。イギリスは一九四七年に至って、パレスチナの委任統治終了の意思を表明する。

国連は大国以外の一一カ国（オーストラリア、カナダ、チェコスロバキア、グアテマラ、インド、イラン、オランダ、ペルー、スウェーデン、ウルグアイ、ユーゴスラビア）の代表からなる国連パレスチナ特別委員会（UNSCOP）を組織した。

## （１）国際連合パレスチナ特別委員会（ＵＮＳＣＯＰ）

### ①国連総会にあてたパレスチナ特別委員会の報告（Ａ／３６４）、一九四七年九月八日

一九四七年九月三日、国連パレスチナ特別委員会は国連総会に八章七六ページからなる報告書を提出した。第4章「パレスチナ問題解決のために提示された主要提案」、第5章「提案（Ⅰ）全般的提案」、第6章「提案（Ⅱ）『経済同盟を伴う分割』の提案」、第7章「提案（Ⅲ）連邦国家の提案」が提案の主な内容となっている。

第2章「紛争の要素」では、パレスチナの総人口が急増しただけでなく、ユダヤ人の割合が一九二二年の一二・九一パーセントから一九四六年には三二・九六パーセントへと急増していることが指摘されている。逆に、一九二二年との比較で、ムスリム（ほぼアラブ人）の割合は約七五パーセントから六〇パーセントに、キリスト教徒の割合（大部分がアラブ人）は一一パーセントから八パーセントに減少している。

第4章の「提示された主要提案」の節では、ユダヤ人団体、アラブ諸国から提示された提案の概略が以下のようにまとめられている。

8　ユダヤ人団体。パレスチナ全土をユダヤ人の国家にすることを要求する団体と、ユダヤ人の国家に割り当てられた領土が多数の新しい移民の定住を許すのであれば、分割を受け入れると

いう団体との間で意見の相違が存在する。ユダヤ人国家の創設に反対するのは少数派である。パレスチナでは、イフード（連合）協会とハショメル・ハツァイル労働者党が、二つの共同体が同等の地位と政治的平等を持つ「二民族（bi-national）」国家に賛成している。イスラエル共産党は、二民族あるいは連邦制をとる民主的アラブ・ユダヤ人国家を提案している。アメリカでは、シオニズムに反対するアメリカユダヤ教協議会が、ユダヤ人国家設立の提案に反対している。同協議会の見解では、このような提案はパレスチナとその周辺地域の平和と安全を脅かし、パレスチナと世界中のユダヤ人に有害であり、また非民主的である。

9　Jewish Agency for Palestine は、パレスチナの組織された大多数のユダヤ人の意見を代表するもので、シオニスト組織の最後の大会（一九四七年、バーゼル）で定義された以下のプログラムを支持する。

「(a)パレスチナを、民主主義世界の構造に統合されたユダヤ人連邦として確立する」

「(b)パレスチナの門をユダヤ人の移民に開放する」

「(c) Jewish Agency がパレスチナへの移民を管理し、パレスチナ国の建設に必要な権限を与えられる」

10　分割に関しては、Jewish Agency が委員会に提出した『一九四六―一九四七年政治調査報告書』の七一ページに次のように記されている。「分割線の解決は、もし受け入れられるとすれば、pis aller（最後の手段）以外の何ものでもない……提案されるパレスチナ問題のいかなる解決策も、それが大規模な移民と定住を保証し、ユダヤ人の国家樹立に遅滞なくつながるかどうかを基準として、ユダヤ人によって判断される」。

11　アラブ諸国。ベイルートのアラブ諸国代表は、一九四六年九月にロンドンで開催されたパレスチナ会議にアラブ諸国代表団が提出したものとほぼ同じ憲法上の提案を、将来のパレスチナ政府に対して提出した。要約すると、これらの提言は次のようなものであった。

(a)パレスチナは民主的憲法と選挙で選ばれた立法議会を持つ単一国家であるべきで、

(b)憲法は特に、(i)聖地の神聖性と、適切な保護措置のもとで、現状に従った宗教的実践の自由を保障する、(ii)すべてのパレスチナ市民に完全な市民権を与え、帰化の要件は国内に一〇年間継続居住とする、(iii)ユダヤ人共同体の宗教的・文化的権利を保護し、そのような保護措置は立法議会のユダヤ人議員の過半数の同意がある場合にのみ変更すること、を規定すべきで、

(c)憲法はまた、(i)ユダヤ人が議員総数の三分の一を超えないことを条件として、すべての重要な共同体が立法議会において適切に代表される、(ii)ユダヤ人移民の厳格な禁止と土地譲渡に関する現行の制限の継続、これらの事項のいかなる変更も立法議会のアラブ系議員の過半数の同意を必要とする、(iii)あらゆる立法について憲法に矛盾するかどうかを決定する権限を有する最高裁判所の設置、について規定すべきである。

12　アラブ側の計画は、英国委任統治下での短期間の移行期間を経て、この線に沿った憲法が制定されることを想定していた。移行期間中、高等弁務官はまず臨時政府を樹立する。七人のア

ラブ人大臣と三人のユダヤ人大臣からなる臨時政府を指名によって設立する。高等弁務官は移行期間を通じて拒否権を保持する。臨時政府は、六〇人の議員からなる選挙区議会の選挙を手配し、そこに憲法草案を提出する。六カ月以内に選挙人集会が憲法に合意できなければ、臨時政府が自ら憲法を制定する。憲法が採択されれば、独立パレスチナ国の初代元首が任命され、委任統治領は終了し、イギリスとパレスチナ国との間に同盟条約が締結される。この計画は、パレスチナ市民のいかなる部分の非協力にもかかわらず、可能な限り遅滞なく完成されなければならない。

要約

13　提案された解決策はすべて、何らかの形で、パレスチナの矛盾の解決、すなわち、資源の限られた小国で、深刻かつ拡大する政治的・人種的緊張と民族主義の対立という雰囲気の中で、それぞれが強力な主張に基づく二つの正反対の権利要求を和解させることを目的としている。

14　提案された解決策の中には、解決策というよりも一時しのぎに近いものもあった。対立する両当事者を完全に満足させるような解決策を考案することは不可能で、おそらく一方の当事者を満足させるだけでも、他方の当事者の断固とした反対を犠牲にしない限りは不可能、という事実上の確定に直面し、委任統治領の継続や信託統治領の設置といった、本質的に一時的なものにしかなり得ない取り決めが提案されたこともあった。

16　現在、パレスチナには一二〇万人以上のアラブ人と六〇万人以上のユダヤ人が存在し、彼らはそれぞれ異なる文化的背景を持ち、考え方、言語、宗教、願望も異なっている。

17　最も単純な解決は、当然のことながら、極端な解決策である。この極端な解決策とは、一方の当事者の主張と要求を完全に拒否するか、無視するか、あるいは事実上無視する一方、他方の当事者の主張は全面的に認めるというものである。特別委員会はこのような解決策を拒否してきた。

こうしたユダヤ人団体、アラブ諸国から提示された提案を踏まえて、第6章、提案（Ⅱ）の二国家分割提案は七人の委員（カナダ、チェコスロバキア、グアテマラ、オランダ、ペルー、スウェーデン、ウルグアイ）が支持した。

《二国家分割案の主な主張》

◎パレスチナをアラブ人国家、ユダヤ人国家、エルサレム市の三つに分割する。

◎パレスチナにおいてアラブ人、ユダヤ人、双方の主張は相容れないものであり、現実的な手段として、また双方の民族主義のためにも分割を提案する。

◎連邦国家制はアラブ人もしくはユダヤ人のどちらかが支配するような状況でない限り機能しないと思われる。

◎分割についてアラブ人が強く反対していることは認識しているが、移民制限されてきたユダヤ人の心情および窮状を考慮するものである。アラブ人の不安を取り除くためにもユダヤ人国家の拡張に対しては国連の制裁を伴うものとする。

◎領土的資源的に限定されているパレスチナにおいては、創出される二国家は経済的共同体となることが必須。政治的統一は不可能であっても経済的には可能と考えられる。
◎エルサレム市は国連を施政権者とした信託統治とする。
第7章、提案（Ⅲ）の連邦制国家案はインド、イラン、ユーゴスラビアの委員が支持した。

《連邦制国家案の主な主張》
◎アラブ人、ユダヤ人ともにパレスチナに歴史的文化的な背景を持ち、この点からパレスチナに対し両者は平等な権利を持つ。
◎パレスチナ問題の解決はユダヤ人の問題を解決することにはならず、ユダヤ人の民族主義と国家の樹立という要求を満たすよりも、ユダヤ人が幸福に生活を送ることが何よりも重要である。
◎アラブ人とユダヤ人の潜在的対立を回避するために一つの国家で忠誠心、愛国心をともにすることが平和実現への道である。
◎アラブ人とユダヤ人の間での協力関係が現在のパレスチナでも見られ、お互いの協力体制は実現可能であると推測する。

**②専門委員会**

国連総会はさらに、一九四七年九月二三日、このパレスチナ特別委員会（UNSCOP）の報告書を検討するパレスチナ問題の専門委員会（ad hoc committee）を設立した。アラブ側を代表するアラブ高等委員会（Arab Higher Committee）とユダヤ機関の代表が招待され委員会に出席している。

アラブ高等委員会はＵＮＳＣＯＰの連邦案、分割案ともに拒否した。「歴史調査の結果からシオニストの主張には法的、道徳的根拠は存在しないと結論する」と述べ、パレスチナではアラブ人の国家のみが国連憲章に合致すると主張した。

ユダヤ機関はＵＮＳＣＯＰの報告の大半については支持を表明したが、提案された国境線、特に西ガリラヤと西エルサレムについてはユダヤ人国家に含まれるべきであると主張した。彼らは移民を主権的に管理することの重要性を認識していた。

**専門委員会小委員会**　ＵＮＳＣＯＰ報告を精査する二つの小委員会が設立され、第一小委員会は分割案を、第二小委員会は連邦国家案を検討した。

第二小委員会は、国連やその加盟国はパレスチナの今後について提案を勧告もしくは強制する権限、特にパレスチナの住民の意向に反する、ないしは同意の無い分割提案を強制する権限について疑問を提起した。国連で審議をすることそのものの正当性について、専門委員会では国際司法に預けるべきとの提案は否決され、連邦案も賛成一二、反対二九、棄権一四で否決された。

専門委員会は、第一小委員会の国境線修正案を審議し、分割案を賛成二五、反対一三、棄権一七、欠席二で可決。分割案が総会に提案される決議案となった。

## （2）国連総会決議案の採択

パレスチナ問題は重要問題として扱われ、決議採択には、五七カ国の加盟国のうち棄権、欠席を除く三分の二の賛成が必要とされた。米国政府は分割案の成立にむけて各国に関与した。米国上院議員が署名した海外援助をちらつかせる電報などが、賛否を迷っている国の政府に送りつけられ、分割案への支持を促した。

アラブ諸国は厳重な警告を発した。例えば、イラク外相は決議案投票前日の一九四七年一一月二八日の国連総会で、次のように警告した。

大多数の人々の意思に反して強行された分割は、中東の平和と調和を危うくする。パレスチナのアラブ人の蜂起が予想されるだけでなく、アラブ世界の大衆も抑えることはできない。アラブ世界のアラブ人とユダヤ人の関係は大きく悪化する。パレスチナ以外のアラブ世界には、パレスチナにいるユダヤ人よりも多くのユダヤ人がいる。イラクだけでも約一五万人のユダヤ人がおり、ムスリムやキリスト教徒と政治的・経済的権利のあらゆる利点を共有している。ムスリム、キリスト教徒、ユダヤ教徒の間には調和がある。しかし、パレスチナのアラブ人に課された不正義は、イラクのユダヤ人と非ユダヤ人の間の調和を乱し、宗教間の偏見と憎悪を生むだろう。

一一月二九日、国連総会は賛成三三、反対一三、棄権一〇、欠席一で分割案を採択した。

賛成は、欧米、オーストラリア、ニュージーランドが一二、ラテンアメリカ・カリブが一三、東側諸国が五、アフリカが二、アジアが一（フィリピン）。反対は、アジアが一〇、西欧が一（ギリシャ）、アフリカが一（エジプト）、ラテンアメリカ・カリブが一（キューバ）。

棄権は、ラテンアメリカ・カリブが六（アルゼンチン、エルサルバドル、コロンビア、チリ、ホンジュラス、メキシコ）、西欧が一（イギリス）、アジアが一（中華民国）、アフリカが一（エチオピア）、東側諸国が一（ユーゴスラビア）で、欠席はタイだった。

ユダヤ人のほとんどは国連決議に満足した。イスラエル初代大統領となるヴァイツマンは、「アラブ近隣諸国との間に平和と協調の関係を確立することが我々の最優先課題」だと述べた。初代首相となるベン＝グリオンは、「建国当時のユダヤ人国家の総人口はおそらく一〇〇万人ほどで、四〇パーセントぐらいは非ユダヤ人だ。たかだか六〇パーセントの多数派では安定的で力強い国家を長く保つことはできない」と不安を表明した。一方、シオニスト修正派は、ユダヤの領土を放棄させるものとして分割案を拒絶した。メナヘム・ベギンら過激派は、アラブが攻め込んでくるので平和は訪れないと警告し、戦争の準備を主張した。

アラブの指導者と政府のほとんどは分割決議案を拒否した。国連パレスチナ特別委員会は一九四八年二月、安全保障理事会に「強大なアラブの勢力がパレスチナの内外において総会決議を軽んじて、その結果を力ずくで変えようとたくらんでいる」と報告した。アラブ側はエルサレムを国際管理にすることにも反対した。

## 4　パレスチナの現実

第一次世界大戦開戦からの三〇年、パレスチナに焦点をあてて、帝国主義の支配と二つの民族の自決権の交錯をたどってきたが、「自決権」の衝突による国際平和への脅威を管理しようとした一九四七年国連総会のパレスチナ分割決議が第一次中東戦争（一九四八年）の原因となり、戦後のイスラエル・パレスチナ紛争の始まりとなった。

### （1）アラブ・イスラエル戦争と占領地の拡大

一九四七年国連決議以後、アラブ諸国とイスラエルとの戦争が四度勃発した。一九四七年決議は、パレスチナの土地の四三パーセントをアラブ系住民に、五七パーセント（南部ネゲブ砂漠を含む）をユダヤ系住民に与えたが、第一次中東戦争で勝利したイスラエルはヨルダン川西岸と東エルサレム（ヨルダンが占領。一九五〇年にヨルダン領としたが、一九八八年に領有権を放棄）とガザ地区（エジプトが占領）を除くすべてのパレスチナを支配下に置いた。さらに、一九六七年の第三次中東戦争の結果、ヨルダン川西岸と東エルサレム、ガザもイスラエルの占領下に置かれた（イスラエルはシリア領ゴラン高原とエジプト領シナイ半島も占領した）。

**占領地入植と国連決議**　一九六七年の第三次中東戦争の後、国連安保理は決議二四二で「最近の戦闘での占領地域からのイスラエルの撤退」を求めた。決議前文は「戦争による領土の取得は受け入れられない」と強調している。しかし、イスラエルは、決議二四二は「占領した全領土」からの撤退は求めていない、として占領を続け、占領地へのユダヤ人の入植を拡大し続けた。

以後、多くの国連決議が、ヨルダン川西岸地区、東エルサレム、ゴラン高原におけるイスラエルの入植は国際法違反としている。国連総会は二〇〇三年一二月、イスラエルが二〇〇二年から開始したヨルダン川西岸との間の長大な分離壁の建設について国際司法裁判所に勧告意見を要請。国際司法裁判所は二〇〇四年七月、「パレスチナ人の土地に壁を建設することは違法であり、撤去されなければならず、パレスチナ人に対してイスラエルは補償を支払わなければならない」とする勧告意見を出した。

国連安保理は二〇一六年、東エルサレムを含むパレスチナ占領地におけるイスラエルの入植活動は「法的効力を持たず、国際法上の明白な違反である」と宣言し、イスラエルに「すべての入植活動を即時かつ完全に停止する」ことを要求する決議二三三四を一四対〇で可決した（米国は棄権）。安保理が、イスラエルの入植政策を批判する決議を採択したのは三六年ぶりのことだった。

ネタニヤフ首相は、同決議は反イスラエル決議であり、次期米国政権と協力して決議を無効にすると反発した。その言葉どおり次のトランプ政権では、ポンペオ国務長官が二〇一九年一一月、イスラエルの入植地に関し、「民間人による入植地建設は国際法に反しない」との見解を示し、イスラエルによる入植活動をいっそう活発化させた。

## (2) 二国家共存の解決策

一九六四年に結成された「パレスチナ解放機構」(PLO)は、最高機関のパレスチナ民族評議会(PNC)第一回会議で「パレスチナ民族憲章」を採択。イスラエルに対する武力闘争とユダヤ国家の撲滅を呼びかけた。次のように言う。

◎パレスチナを解放する唯一の道は武力闘争である。(第九条)

◎一九四七年のパレスチナの分割とイスラエル国の設立は、時間の経過に関わりなく、全面的に不法である。なぜなら、それはパレスチナ民族の意思とその母国での自然権に反し、国連憲章に具現化された原則、とりわけ自決権に矛盾しているからだ。(第一九条)

一九六七年第三次中東戦争での敗北の後、PLOはゲリラ戦術によるイスラエルに対する抵抗とパレスチナの解放の路線を推進する。一九七〇年代、PLOに加盟する各パレスチナ組織は、ミュンヘン・オリンピック襲撃事件や、航空機ハイジャックや空港襲撃を繰り返した。

イスラエル占領支配に抵抗する民衆蜂起(第一次インティファーダ。一九八七年)が展開された後、アラファトPLO議長は一九八八年、国連総会で演説し、武装闘争の放棄とイスラエルを承認する「二国共存」路線への転換、ヨルダン川西岸とガザ地区で構成されるパレスチナ国家の受け入れを表明した。

**①オスロ合意へ**

冷戦後、イスラエルとPLOは一九九三年九月九日、オスロで行ってきた秘密交渉の合意を公表した。はじめて相互に相手を承認し、イスラエルは占領地から撤退しパレスチナが自治政府をつくることを認めた上で、和平交渉に入るとの内容だった。その後、九月一三日にワシントンのホワイトハウスで、クリントン米大統領の仲介でイスラエルのラビン首相とPLOアラファト議長が握手を交わし、「パレスチナ暫定自治に関する原則宣言」(オスロ合意)に調印した。

**合意の内容**　合意の内容は二点。PLOはイスラエルを国家として認め、イスラエルはPLOをパレスチナの唯一の代表として認める。イスラエルは暫時ヨルダン川西岸とガザ地区から撤退し、五年間のパレスチナの暫定自治を認める。暫定自治開始から三年目までに「最終地位交渉」に入り、五年後には暫定自治を終了する。

合意文書では、紛争の核心的問題、すなわち①エルサレムの帰属、②パレスチナ難民の帰還権、③ユダヤ人の入植地には一切触れておらず、移行期間の終了に向けた「最終交渉」に先延ばしされた。移行期間終了後のパレスチナ独立国家は約束されておらず、言及すらされていない。最終地位交渉での合意に基づいて、最終的な国境画定を行って初めて二国家が存在することになる。

合意の前提は、両国民と指導者の信頼が広がるにつれて平和が広がる、というものだった。しかしながら、当然のこととして、双方は、相手側の存在を認めず約束も信じない強硬派をかかえていた。イスラエルでは「大イスラエル主義」を掲げるシオニストの過激派・ユダヤ教原理主義者とそれに近いリクードに代表される右派政党があり、ラビン労働党政権に敵対していた。パレスチナ・PLO側には、イスラム原理主義を信奉するハマスやイスラム聖戦などの勢力があり、主流派ファタハ主導の和平路線はアラブの大義に反すると反発した。

ハマスの「イスラム抵抗運動憲章」（一九八八年八月）は、その理念を次のように宣言する。

◎イスラムが抹殺するまでそれ〔イスラエル〕は存在し続けるであろう。（序文）

◎和平構想、いわゆる平和的解決策や国際会議は、ハマスの原則に反する。それらの会議は、異教徒をイスラムの地における仲裁者に任命するための手段に過ぎない。ジハード以外にパレスチナ問題の解決策はない。（第一三条）

**合意の実施と破綻**　暫定自治は一九九四年五月からガザ地区とヨルダン川西岸のエリコで先行実施された。翌一九九五年九月には「パレスチナ自治拡大協定」（オスロⅡ）で、自治区域拡大が決められた。しかし、安全保障に関してはイスラエル軍がパレスチナ人自治区とユダヤ人入植者双方の安全を担うとしてヨルダン川西岸を三地域に分類した。行政も治安もパレスチナ暫定自治政府が担うA地域の割合は一八パーセント。パレスチナが行政、イスラエルが治安権限を持つB地域が二二パーセン

図２　パレスチナのイスラエル支配地の推移

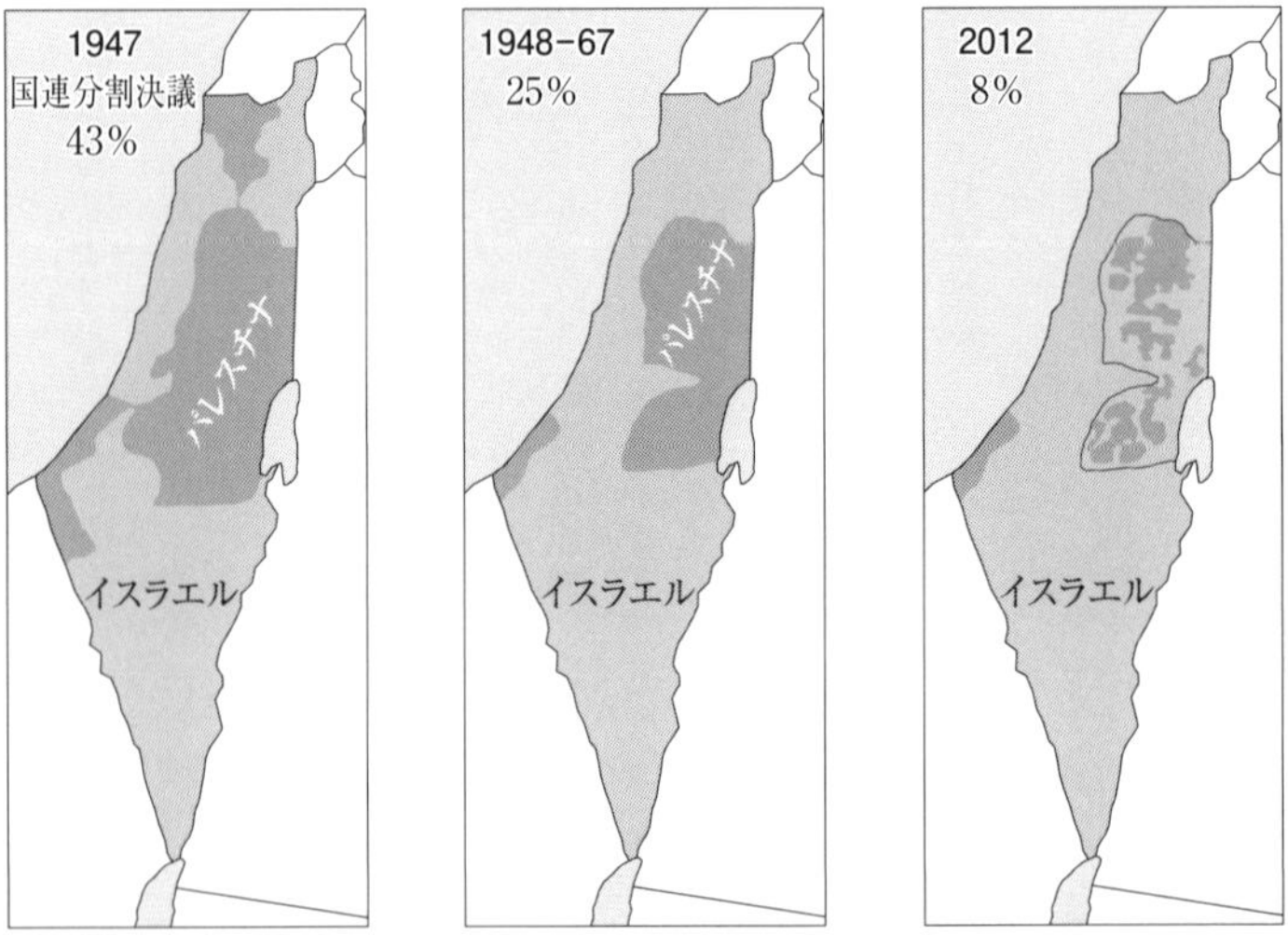


出所：パレスチナ子どものキャンペーン（CCP Japan）https://ccp-ngo.jp/palestine/

ト。六〇パーセントは、行政も治安もイスラエルが権限を持つＣ地域で、西岸地区を細かく分断し、ユダヤ人入植の拡大が続いている（図２）。

一九九五年一一月にラビン首相がユダヤ教急進派に暗殺され、一九九六年五月の初めての首相公選で右派リクードのネタニヤフ氏が当選。ネタニヤフ政権はユダヤ人のパレスチナへの入植を増大させ、各区地でパレスチナ人との衝突事件がつづいた。パレスチナ側ではハマスが一九九六年頃からイスラエル国内での自爆テロで反発した。イスラエルがテロ攻撃を理由に「最終地位交渉」を拒否したまま、オスロ合意の暫定自治期間の五年は終わり、イスラエルの事実上の軍事占領という状況が継続された。

事態行き詰まりの中で、イスラエルでは一九九九年五月、和平交渉再開を公約としたバラク労働党政権が誕生した。二〇〇〇年七月、再びクリントン米大統領の仲介でイスラエルのバラク首相とPLOアラファト議長がワシントン郊外の大統領保養地キャンプ・デービッド首脳会談に臨んだが、決裂した。最大の問題は、エルサレム問題とパレスチナ難民帰還問題だったと言われている。

九月にはリクードの指導者シャロン氏によるイスラムの聖地「神殿の丘」への挑発的訪問をきっかけに、二〇〇五年初めまで続く第二次インティファーダとなった。イスラエルは戦車と空爆作戦を展開し、パレスチナは自爆攻撃、銃撃、ロケット攻撃で対抗し、犠牲者数は推定で、パレスチナ三〇〇〇人、イスラエル一〇〇〇人にのぼった。

オスロ合意は、イスラエル人とパレスチナ人が平和共存の可能性を信頼し合うようになる信頼醸成措置の積極的なスパイラルを想定していた。小規模で「日常的」な問題を少しずつ前進させることで、当事者間に信頼が生まれ、より困難で核心的な紛争問題に取り組むことができるようになると。

その出発点は、イスラエルの入植地の拡大が停止されることだったが、そうはならなかった。イスラエルからみれば、パレスチナの自治によるテロの根絶は空約束だった。双方から、合意違反の主張が相次ぎ、不信と敵意のスパイラルとなった。

信頼と信用につながる可能性のあるプロセスを設定しながらも、違反を監視するメカニズムや、違反の申し立てが仲裁され、是正が保証されるメカニズムは確立できなかった。

イスラエルのシャロン政権は二〇〇五年、第三次中東戦争以来のガザ占領を止め、ユダヤ人入植者もすべて引き揚げさせ、ガザを封鎖する戦略に転換した。

ハマスは二〇〇六年一月、暫定自治発足後二度目（一〇年ぶり）のパレスチナ評議会選挙に初めて参加し、圧勝した（定数一三二議席中七四議席獲得）。ハマスが、それまで暫定自治政府を主導してきた主流派ファタハをガザから追放し、支配を確実にすると、イスラエルはガザ封鎖をいっそう強化し、食料や燃料など生活物資の搬入も厳しく制限した。イスラエル軍はガザに対して、二〇〇八年、二〇〇九年、二〇一二年、二〇一四年、大規模軍事侵攻を繰り返し、多くの民間人が犠牲となった。

憲章の公表から三〇年後の二〇一七年、ハマスは改訂版「二〇一七年ハマス文書」で、一九六七年の境界線の受け入れを示唆している。

川から海までのパレスチナの完全かつ完全な解放に代わるいかなる選択肢も拒否する。しかし、シオニスト組織に対する拒否の姿勢を崩すことなく、パレスチナのいかなる権利も放棄することなく、ハマスが考えるのは、一九六七年六月四日の線に沿ってエルサレムを首都とし、難民と避難民を追放された故郷に帰還させ、完全な主権を持つ独立したパレスチナ国家を樹立することである。

イスラエルの破壊を明確に求める文言はなくなり、「ユダヤ人と闘うのではなく、パレスチナを占領するシオニストと闘うのだ」と主張した。しかし、その後も、ハマスはイスラエルに対する武力攻撃を継続し、イスラエルは二〇二一年五月には一一日間にわたってガザ空爆を続け、民間人や子どもを含む約二五〇〇人が死傷した。

## 5　和平交渉のとき

イスラエル軍のガザ無差別攻撃が六カ月以上続けられ、国際社会はパレスチナ・イスラエル問題の解決どころか停戦の実現にさえ進むことができないのだが、今回のガザ戦争をめぐって、これまでにない決定的な変化が、とくに歴代政府が一貫してイスラエル支持を続けてきた米国で、起きている。

### （1）新たな可能性

#### ①米国内の変化

この戦争の責任・原因について、米国内では世代間の認識にこれまでになく大きな隔たりが生まれている。戦争が始まった直後の米国内の世論の状況について、ロイター通信（二〇二三年一〇月一八日）は、「イスラエル支持の傾向弱まる米Z世代」と伝えた。

ロイター通信が一〇月一二〜一三日に実施した世論調査によると、米国で「紛争の責任はハマスにある」と考える人は四〇歳以上では五八パーセントだったが、一八〜三〇歳では三四パーセントにとどまった。米国の政治専門紙THE HILL（二〇二三年一〇月二〇日付）は、一〇月一八～一九日に実施された「ハーバード大学CAPSハリス世論調査」では、一八～二四歳の年齢層ではハマスのイスラエル襲撃を正当化できるとの答えが過半数（五一パーセント）を占めたと、ハマスの襲撃を南北戦争前の一八三一年にバージニア州で起きた黒人の反乱事件になぞらえた学生の声とともに報じた。

とは言え、米国社会全体では引き続きイスラエル支持が大勢で、世論調査機関「ピュー・リサーチ・センター」が一二月初めに実施した世論調査では、全体の六五パーセントが「ハマスに責任がある」と答えている（「イスラエル政府に責任」は三五パーセント）。しかし、この調査でも三〇歳以下では、「ハマスに責任」四六パーセント、「イスラエル政府に責任」四二パーセントと、拮抗している（六五歳以上では八割が「ハマスに責任」）。

**拡大するパレスチナ支援の運動**　二〇二三年一一月四日、米国史上最大のパレスチナ支援のデモと言われた「自由なパレスチナのための全米ワシントン大行進」が行われた（主催者発表三〇万人）。シカゴで最初に数万人のデモが行われ、一〇月末には、ニューヨーク、ロサンゼルス、サンフランシスコ、テキサス州オースティンでも大きな抗議行動が行われていた。

イスラエルによる無差別攻撃に抗議し、人道支援と即時停戦を求めるこれらの行動には、これまでの反戦・平和運動、パレスチナ支援組織を超えて、労働運動、黒人公民権活動家、さらに「ブラック・ライブズ・マター」運動（ＢＬＭ）の二〇二〇年のジョージ・フロイド殺害抗議運動を通じて植民地・奴隷制度問題などで活性化された比較的新しい人々の結集が報じられている。

ニューヨークやカリフォルニアをはじめ多くの大学では、先の世論調査に見られるようにガザでの即時停戦を求め、それを拒否するイスラエル政府および米国政府を批判する動きが広がっている。

**反シオニズムと反ユダヤ主義**　米国下院では二〇二三年一二月五日、共和党が提出した「反シオニズムは反ユダヤ主義である」と宣言する決議案が採択された。共和党議員（二二〇）のほぼ全てと民主党議員二一三人中九五人が賛成した。民主党では、イスラエル政府批判の自由を主張するリベラル派の一三議員が反対したほか、二つの間に明確な線を引くことを望まない議員九二人は棄権した。

議会のこうした動きの背景にあるのは、イスラエルが「反ユダヤ主義と同一」と反発するシオニズム批判の広がりだ。

米国の多くの人々にとって、シオニズムは明確に、数千年の迫害に耐えてきたユダヤ人が、祖先の土地（旧約聖書に記されたエルサレムの丘シオン）に帰り、独立国家をつくることで平穏を実現するという運動と理解されてきた。ユダヤ人にとっては七五年前の建国後も、何度も周りのアラブ諸国の攻撃に抗して防衛したイスラエル国家の存続に結びついている。シオニズム批判はすなわち、ナチスのユダヤ人抹殺政策の容認を意味する「反ユダヤ主義」とされてきた。

しかし、シオニズムは今、パレスチナ人のための独立国家として提案されているヨルダン川西岸地区への入植を進め、ユダヤ国家を拡大するイスラエル政府の政策に結び付けられ、「植民地主義者」やアパルトヘイトという抑圧者のイメージを想起させるものともなった。シオニズムを批判する人々は、「イスラエル政府批判がすなわち反ユダヤ主義ではない」と主張する。

米国がイスラエルを支援する理由として、イスラエルは中東における唯一の民主主義国、との建前が掲げられているが、国際人権団体「アムネスティ・インターナショナル」は、「ガザ、東エルサレム、ヨルダン川西岸地区、イスラエルそのもののいずれに住んでいても、パレスチナ人は劣った人種集団として扱われ、組織的に権利を奪われている」として、イスラエルの「アパルトヘイト」を非難している。イスラエルの諜報機関モサドの元長官タミル・パルド氏も二〇二三年九月、AP通信に、イスラエルは五六年間にわたるヨルダン川西岸の占領によって、アパルトヘイト制度を施行していると指摘。「一つの領土で、二つの民族が二つの法制度の下で裁かれる。それはアパルトヘイトだ」と批判した。

## ②植民地主義批判

現在のイスラエル・パレスチナ紛争をめぐる新たな特徴は、イスラエルの「植民地主義」が糾弾されていることだとニューヨーク・タイムズの論評（二〇二三年一二月一五日付）は指摘する。

筆者のロジャー・コーエン氏によれば、西側諸国、特に米国では、二〇二〇年以降にBLMに触発され展開された人種的・社会的正義を求める運動の延長線上に、パレスチナの大義を受け入れるという大きな社会的変化が起きている。実際、BLMは二〇二一年、「パレスチナとの連帯」、「あらゆる形態の入植植民主義」反対を宣言している。特に若者は、イスラエル・パレスチナの状況を構造的暴力、占領、植民地的抑圧、という観点から見始めている。

ある時まで、二つの先住民族が関与する紛争に植民地化論は適用できないとみなされてきた。しかし、イスラエルのヨルダン川西岸占領地への入植は、支配的な国が力ずくで五〇万の入植者をその地域に送り込み、土地接収、経済的支配、パレスチナ人への日常的な屈辱をもたらすものとなっている。フランス革命とアメリカ革命を起点として人類は自由に向かって行進しているという歴史観からは、イスラエルの存在は、民主的で自由を愛する連合国による権威主義と大量殺戮に対する第二次世界大戦の勝利であり、「ホロコーストの灰の中から生まれた」自由のかがり火となる。

しかしBLMは、奴隷貿易とアメリカ先住民の大量虐殺によって失われた数百万人の命により大きな焦点を当てる別の歴史観だ。グローバル・サウスにとって、過去五世紀における最も重要な物語は、アフリカ、アジア、ラテンアメリカにおける植民地主義をめぐる「南北」の戦いだった、とコーエン氏は結論づける。

国連が二〇〇一年に、南アフリカのダーバンで開いた「人種主義、人種差別、排外主義および関連する不寛容に反対する世界会議」は、植民地主義は「いつ、どこで起ころうとも非難され、再発は防止しなければならない」と明記した。

パレスチナの声を聞くことなくイギリスの委任統治領とした国際連盟、それに続く戦争と占領、そして米国によるイスラエルへの揺るぎない支援は、「二〇世紀から二一世紀への植民地主義の延長」とみなされている。

## ③ネタニヤフ戦略の破綻

オスロ合意から三〇年、イスラエルの国内政治は変動したが、そのうち一六年間はネタニヤフ現首相の政権で、二〇〇九年から二〇二一年までは一二年連続で政権の座にあった。ネタニヤフ氏は二度目に首相になった直後の二〇〇九年六月、二国家共存方針を支持すると表明して注目を集めたが、パレスチナ側との交渉がすすむことはなかった。

交渉の相手となる正当なパレスチナの代表が存在しない、という「弁明」が繰り返された。オスロ合意以前のイスラエルの公式な立場は、パレスチナ人という民族は存在しない（アラブ人の一部に過ぎない）、したがってパレスチナ国家も存在せず、交渉相手は既存のアラブ国家で、ＰＬＯはテロリスト組織にすぎないとしていた。

ネタニヤフ政権の言い訳は、「パレスチナと和平を結びたいが、分裂している。オスロ合意を受け入れるパレスチナ人はヨルダン川西岸地区を統治できず、ガザはイスラエル殲滅《せんめつ》を主張するパレスチナ人に支配されている。どうしろというのか？」というものだった。

しかし、それはネタニヤフ氏が求めたパレスチナの理想的事態だった。ヨルダン川西岸ではユダヤ人の入植を大規模に拡大し、対立と自治政府の信頼失墜を同時に引き起こす。ガザは封鎖した上で、カタールからの援助を認め、ハマスの支配継続をはかる。そしてパレスチナの不統一をつくりだす。イスラエル人にも、パレスチナ人にも、世界にとっても、二つの国家共存という解決策の実現可能性が遠のいてゆく。

**イスラエルの主張：「和平プロセスと入植地」** 二〇一六年のイスラエル外務省文書「和平プロセスと入植地」はヨルダン川西岸の入植地をわざわざ「ユダヤ・サマリアのイスラエル人コミュニティ」と言い換え、和平交渉を破綻させたのは、「パレスチナ人が政治的暴力を採用したこと」だと、次のように主張する。

◎ヨルダン川西岸の入植地（ユダヤ・サマリアのイスラエル人コミュニティ）が和平の主な障害であるという主張は、明らかに誤りである。過去に何度も交渉を破綻させたのは、自爆攻撃からイスラエルの都市へのロケット砲撃まで、パレスチナ人が政治的暴力を採用したことによる。
◎独立した分析によれば、入植地の建設地域がヨルダン川西岸地区の全領土に占める割合はごくわずかである。ヨルダン川西岸地区のユダヤ系住民の大半は、イスラエルと国境を接する大規模入植ブロックに住んでいる。現実的で永続的な最終地位協定は、現実を反映し、双方の安全保障上の必要性に応える、相互に合意した土地の交換に基づいて達成される。
◎イスラエルとイスラエル市民に対する痛ましい攻撃の長い歴史——一九四九年から一九六七年にかけて犠牲者一〇〇〇人以上を出したヨルダン川西岸地区のテロリストによる攻撃を含む——は、イスラエルが安全で防衛可能な、そして承認された国境を必要とし、その資格があることを証明している。
◎ヨルダン川西岸における数千年にわたるユダヤ人の歴史も無視できない。ヨルダン川西岸

（正確にはユダヤ・サマリア）はユダヤ人の生活の中心地であり、ユダヤ教における最も神聖な場所の多くがあった」（"The Peace Process and the Settlements", Ministry of Foreign Affairs）。

このネタニヤフ戦略の前提は、圧倒的な軍事力だった。国境フェンスや高度な地上・防空技術を駆使したミサイル防衛網「アイアン・ドーム」、また適宜の空爆作戦で、大規模な攻撃を防ぐことができる、という「抑止力」論に基づいている。

この場合の抑止とは、ハマスに、イスラエルを攻撃するのはその代償が大きすぎるからやめるべきだと認識させることを意味する。しかし、イスラエルの軍事力がいかに圧倒的であっても、ハマスが他に選択の余地がないと判断すれば、抑止はできない。今回のガザ戦争のきっかけとなった二〇二三年一〇月七日のハマスによる襲撃事件は、イスラエル政府の抑止戦略が破綻したことの証明でもある。

## （2）解決への条件

その抑止戦略の破綻に直面したイスラエルは、ハマスの壊滅（指導部、戦闘員、活動家、軍備）方針に切り替えた。武力によるその達成はほとんど不可能とのパレスチナ・中東専門家の一致した指摘にもかかわらず、人道的停戦を求める国連総会決議に見向きもせず、イスラエルはガザでの無差別攻撃を続けている。

## ①さまざまな解決案

「今回の新たな流血は、国際政治においては正義よりも力が重要であることを、またしても悲しく思い起こさせた。……しかし、この出来事と、それに先立つ多くの衝突は、力の限界をも明らかにしている」。戦争開始直後の米外交誌『フォーリン・アフェアーズ』の論評（二〇二三年一〇月九日付）で、ハーバード大学のスティーヴン・ウォルト教授はそう指摘する。

「イスラエルはガザで戦闘に勝利するが、戦争で敗北するかもしれない」と題するウォルト氏の論評は、次のように論じている。

イスラエルが何十年もの間、ヨルダン川西岸地区の入植地を拡大し、ガザ住民を牢獄に閉じ込めておくことができたのは、イスラエルがパレスチナ人よりも軍事力ではるかに優位にあったからだった。ハマスがイスラエルを打ち負かすことは不可能だろう。しかし、米国がベトナムとアフガニスタンでの大きな戦いにすべて勝利したが、最終的にはどちらの戦争にも敗れたように、今回のガザ戦争は、イスラエルが不死身ではなく、自決を求めるパレスチナの願望を無視できないことを悲劇的に思い起こさせる。また、パレスチナの現状を置き去りにして、イスラエルとアラブ諸国との関係正常化も、地域の安定の保証もありえないことも、明らかになった。

焦眉の問題はガザ戦争の休戦と人道支援だが、長年パレスチナ・イスラエル問題に関わってきた専門家から、戦争終結後のガザの統治（武装解除、パレスチナ人自治、国際的関与など）をはじめ、オスロ・プロセス三〇年の変化を強く意識して、さまざまな提言がなされている。ガザとヨルダン川西岸の統治方式（パレスチナ自治政府の根本的改革、ＰＬＯ主導の政治体制、一時的国際信託統治など）、さらに「最終地位交渉」の方向性（イスラエルではなくパレスチナ国家へのパレスチナ難民の帰還と国際的な補償、あるいは他国への定住受け入れ、エルサレム旧市街全体と神殿の丘を含む聖域の国際管理など）である。

二国家共存の解決方式にも、「ポスト・オスロ」として多様な修正が提示されている。難民帰還などの核心的課題を交渉で解決する前に、一定期間の試行期間を定めて、ガザを拠点とするパレスチナ国家を実現し、安全保障と基本的社会サービスを保証し、ヨルダン川西岸に拡大するという案、また、以前から主張されてきたユダヤ人とパレスチナ人が平等な市民権を持つ単一国家の具体案もある。

オスロの枠組みそのままに、将来の二国家解決策に焦点を当てるのではなく、イスラエルの支配する単一国家にされている現実に立ち向かうことに焦点を当てるべきだとの声も上がっている。

### ②対立を武力紛争にしないために

しかし、本書の関心は、そうした具体的な和平案というより、対立を武力紛争にしないためには何が求められているのか、という点にある。

七五年前の国連総会決議の基礎となった「パレスチナ特別委員会」報告は次のように結論づけた。「パレスチナの矛盾の解決とは、深刻で拡大する政治的・人種的緊張と民族主義の対立の中で、強力な主張に裏付けられた二つの正反対の権利要求を和解させることだ」。

**現在のアラブ世界の反応**　カーネギー国際平和財団中東プログラム責任者のアムル・ハムザウィ氏は二〇二三年一一月一日、同財団のウェブサイトに「イスラエル・ハマスの戦争に対するアラブ民衆の反応に注目せよ」と題する論評を寄せた（"Pay Attention to the Arab Public Response to the Israel-Hamas War", Amr Hamzawy）。

アラブの民衆は、ガザ市民がイスラエルの攻撃の犠牲になり、人道的大惨事の中で国際的な保護も援助もないまま放置されるのを見てきた。アラブの民衆デモの要求は、アラブ政府にイスラエルへの攻撃を求めたものではない。イスラエルの侵略からパレスチナの人々を守ること、人道援助が届くようにすること、一九四八年以来何度も避難を余儀なくされてきた人々の強制移住計画を糾弾することを求めた。……

アラブ諸国の政府、市民社会組織、いくつかのメディア、影響力のあるソーシャルメディアは、ハマスの一〇月七日の暴力を非難し、双方の生命を守るよう呼びかけた。一〇月二六日の九人のアラブ外相の声明は、暴力と民間人殺害への反対を再確認している。

「アラブ・バロメーター」によれば、アルジェリア、エジプト、イラク、ヨルダン、チュニジア、リビアを含む各国の回答者の圧倒的多数が、政治的目的のための武力や暴力の行使を拒否している。アラブ人の大多数（平均九〇パーセント以上）が過激派組織を否定し、彼らのテロ行為を非難している。ハマスなどのグループは、アラブ世界では主に抵抗運動と見られているが、イスラエル民間人に対する彼らの暴力は厳しく非難されている。

アラブ世界で、街頭での暴力放棄の潮流と、公共空間において主流派が非人間的主張を集団的に拒絶しているという現実の中に、私はイスラエル人とパレスチナ人の間の和平プロセスが、初めてアラブ人の幅広い支持を得て復活する可能性の出発点があると見ている。

**パレスチナ世論調査**　米外交誌『フォーリン・アフェアーズ』二〇二三年一〇月二五日号に、国際世論調査機関「アラブ・バロメーター」が、以下のパレスチナでの世論調査結果を投稿した（調査は二〇二三年九月二八日から一〇月八日にかけて実施され、ヨルダン川西岸で七九〇人、ガザで三九九人が回答。ガザでのインタビューは一〇月六日に終了。"What Palestinians Really Think of Hamas: Before the War, Gaza's Leaders Were Deeply Unpopular-but an Israeli Crackdown Could Change That", Amaney A. Jamal and Michael Robbins)。

ガザでのハマス支持は、三〇歳未満の成人で三三パーセント、三〇歳以上では二三パーセントだった。基本的な生活費を賄えない人々のうち、ハマス支持は二五パーセントにとどまっている。ハマス当局をどの程度信頼しているか?：との設問に「まったく信頼していない」と答えた人が四四パーセントと多数を占め、「あまり信頼していない」が二三パーセントで二番目に多かった。七二パーセントが政府機関の汚職が大規模に（三四パーセント）または中程度に（三八パーセント）広がっていると回答した。

世界銀行によると、ガザの貧困率は二〇一一年の三九パーセントから二〇二一年には五九パーセントに上昇した。回答者の七八パーセントが、ガザでは食料の入手が中程度または重度の問題だと答えた。食料の確保が問題ではないとしたのはわずか六パーセントだった。回答者の多数（三二パーセント）が、ガザの食料不安の主な原因を政府の失政とし、二六パーセントがインフレを非難した。経済制裁を非難したのはわずか一六パーセントだった。

イスラエル・パレスチナ紛争に対する三つの解決策（「その他」の選択肢も）を提示したところ、調査回答者の過半数（五四パーセント）が、オスロ合意で示された二国家解決策を支持した。七三パーセントのガザ住民がイスラエル・パレスチナ紛争の平和的解決を支持していた。二〇二三年一〇月七日のハマスの攻撃前夜には、イスラエル国家の破壊につながりかねない軍事的解決に賛成したガザの人々はわずか二〇パーセントだった。

七一パーセントがロシアのウクライナ侵攻に反対し、三七パーセントが、ガザが米国との経済的な結びつきを強めることを望むと表明した。しかし、バイデン米大統領の政策がアラブ世界にとって「良かった」「非常に良かった」と考えているのは一五パーセントに過ぎなかった。

**戦時下のイスラエル社会**　イスラエル紙「ハーレツ」（二〇二三年一二月二七日）はイスラエルの政治評論家ダリア・シェインドリン氏の論評「二つのガザ戦争：なぜイスラエル人と部外者の間の溝はこれほど大きく、厄介なのか」を掲載している（Dahlia Scheindlin, "Two Gaza Wars: Why the Gulf Between Israelis and Outsiders Is So Vast, and Jarring", Haaretz, Dec 27, 2023）。

「誰かが私に、ふとした会話で、『でも、私たちはオスロを試みたけれど……』とか、『私たちは平和を試みたが、うまくいかないことを彼らが証明した』と言わない日はない」と、シェインドリン氏は、現在のイスラエル社会の雰囲気とその深刻さを説明する。

多くのイスラエル人は、「イスラエルは和平を試みた」「イスラエルはパレスチナ人に生活・自決・国家の管理権を与えた」が、一〇月七日は、彼らはパレスチナの自由ではなくユダヤ人を殺害する方を選択したいことを証明した、という考えを拭い去ることができない。指導者たちは日常的に、オスロ合意が一〇月七日に直接つながったと主張し、右派の論客たちは、巧妙に、パレスチナ人に「自治権」を与えるというオスロ合意の考え方も、「撤退」が平和につながるという考えからなされた二〇〇五年のガザ撤退も、どちらもテロをもたらしたと非難する。

イスラエル人（少なくともユダヤ人）は、二国家の分離はテロへの譲歩を意味すると考え、パレスチナ人に対する恒久的な支配を選ぶ。二〇二二年一二月に実施したイスラエルとパレスチナの共同調査ではすでに、イスラエルのユダヤ人の三七パーセントが、〔パレスチナ人には〕平等な権利のないイスラエルによる単一国家併合を選択し、二国家解決を選んだ三四パーセントを上回っていた。

しかし、〔オスロ・プロセスは〕せいぜい、イスラエルとパレスチナの双方が紛争の最終的な解決に向けた努力をしたが失敗に終わったということだ。お互いに相手を非難することはできるが、一〇月七日を「平和」のせいにすることはできない。いずれにせよ、紛争が未解決であればどこでもそうであるように、継続する紛争と占領は必然的に暴力へとつながる。それを作り出したのが、治安を守るどころか市民を傷つける厳格な封鎖でガザを孤立させ、その一方でハマスの勢力を拡大させるという失敗した政策だった。

## ③国際法、国際規範の発展の中で

先に述べたように、オスロ合意には、違反を監視するメカニズムや、違反の申し立てが仲裁され、是正が保証されるメカニズムは確立できなかった。今後の両者の合意あるいは国際的取り決めに、そのメカニズムは不可欠である。とりわけ、難民の帰還と補償、入植地、エルサレムの帰属など紛争の核心にある問題を一挙に解決することは考えられず、双方ともに依然として相手側の存在を否定する勢力を抱えていることを考えれば、なおさらである。

同時に、双方は、それぞれが要求の正当性の源泉としている「自決権」は、国連憲章と一九七〇年国連総会決議「友好関係原則宣言」に基づいて、「武力行使・威嚇の禁止」「国際紛争の平和的解決」と結び合わされた上で、国際法・国際規範となっていることを受け入れなければならない。

ネタニヤフ首相は、欧米諸国からの無差別攻撃批判に抵抗し、イスラエルの軍事作戦を正当化するために、第二次世界大戦中の連合軍がドイツのドレスデンを無差別爆撃して多数の民間人犠牲者をもたらしたことに言及した。別のイスラエル高官は、米国による「ヒロシマ」を挙げる。

しかし、現在の国際法の下ではいずれも、明確に戦争犯罪である（当時の責任の所在はさておき）。その根拠となるのは、第二次大戦後の一九四九年に締結され、イスラエルも一九五一年に批准したジュネーヴ諸条約（ジュネーヴ四条約）だ。二〇二一年一月には核兵器禁止条約が発効した。「言語に絶する悲哀を人類に与えた戦争の惨害」（国連憲章前文）を繰り返さないために、国際社会は国際法と国際規範を発展させてきている。

四次にわたる中東戦争の調停と解決の方向を定めた安保理決議二四二、三三八に基づくその後の一連の国連決議と現在の国際法と規範を順守することなしには、「正反対の権利要求を和解させる」方向に進むことも、紛争が武力紛争となることを防止することもできない。イスラエルは、対等なパートナーとしてのパレスチナなしには、自らの自決権を実現することはできない。

「イスラエル人は、ガザの人々のためでなく、自らのために戦争中止を求めるべきだ」。先に引用したシェインドリン氏は、年明けの二〇二四年一月四日、「ハーレツ」紙でそう指摘した。今、イスラエル国内では、「精神衛生サービスの破綻、機能半減の教育システム、経済の衰退、企業破綻、銃乱射事故、犯罪の増加」など、深刻な事態が進行しているという。同氏は次のような心情を明かしている。

私は、単純に「戦争を止めろ」と主張するために、この苦しみの数々を数えあげているのではない。また、二万二〇〇〇人のパレスチナ人の命が破壊され、ガザの社会全体が破壊され、底知れぬトラウマを抱えたことと、苦しみを競うためのものでもない。

このリストは単に現実である。人的なレベルでは、戦争が相手側にしか影響を与えないと考える人がいるならば、聖書ではユダヤ人とアラブ人は別の母親から生まれた兄弟とされていることを思い出すのが良いだろう。私たちの運命は切っても切れないものなのだ。

# 第Ⅱ章　ロシアのウクライナ侵略と欧州安全保障体制

「欧州の対立と分断の時代は終わった。……われわれは、平和的手段によって紛争を解決するとの約束を再確認する。参加国間の紛争の予防及び解決のためのメカニズムを発展させることを決定する」（CSCE「新しい欧州のためのパリ憲章」）。

一九九〇年一一月二一日、欧州安全保障協力会議（CSCE）首脳会議は、欧州の分断と冷戦の終結を宣言する「パリ憲章」に調印した。戦後、東西に分断されてきたドイツはその前月に統一され、全欧州国家（アルバニアを除く）と米国、カナダで構成するCSCE三四カ国（ドイツ統一で、加盟国数は一つ減少した）の首脳たちは、新たな欧州安全保障体制への移行を次のように誓った。

欧州の分断が解消されたことで、われわれは安全保障関係において、互いの選択の自由を十分に尊重しつつ、新たな質の向上を目指していく。安全保障は不可分のものであり、すべての参加国の安全保障は、他のすべての国の安全保障と不可分に結びついている。従って、われわれは、我々の間の信頼と安全を強化し、軍備管理と軍縮を促進するために協力する。

それから三二年後、世界と欧州はロシアによるウクライナ侵略という第二次世界大戦後最大規模の国家間戦争という現実を目の当たりにすることになった。その責任はあげて、国連憲章と国際法を乱暴に踏みにじったロシアにあるのだが、「平和的手段によって紛争を解決し……、参加国間の紛争の予防及び解決のためのメカニズムを発展させる」という「パリ憲章」の構想は、どこまで具体化され、あるいはされなかったのか？

本章では、「パリ憲章」を生み出したＣＳＣＥ（後に欧州安全保障協力機構＝ＯＳＣＥ）と、敵がいなくなったにもかかわらず存続する軍事同盟「北大西洋条約機構」（ＮＡＴＯ）とをめぐる欧州の国際政治の展開をたどる。そのなかで、「冷戦後の新たな欧州安全保障」構想の変化と結末を見届けたい。

## 1 「パリ憲章」から「欧州安全保障憲章」へ

第二次大戦後、欧州は東西に分断された。米国とソ連とを中心とする二つの核軍事同盟が対立するが、実際の戦争には至らない「冷戦」と呼ばれる状況が続く。アジアや中東では米ソの関与する実際の熱い戦争が発生していたが、欧州正面に限れば確かに冷戦だった。

冷戦は、ソ連・東欧側の急激な政治・社会変革の連鎖を通じて、ソ連崩壊という形で終結した。東西分断の象徴だったベルリンの壁消滅からわずか一年で、東西ドイツは一九九〇年一〇月に再統一された。さらにその一年後の一九九一年一二月、ソ連が解体され、ロシア含め一五の新たな独立国が平和裏に誕生した。一方、バルカン半島のユーゴスラビア社会主義連邦共和国は一九九一年以降、分離独立を目指す連邦構成共和国での内戦を伴いつつ崩壊する。

ソ連と東欧諸国の軍事同盟「ワルシャワ条約機構」（WTO）は一九九一年三月に解体された（正式消滅は同年七月）。二つの軍事ブロック解消の可能性と新たな安全保障体制が展望される中で、全欧州の軍事同盟加盟国と中立国で構成されるCSCEに大きな注目が集まった。まず、「パリ憲章」を宣言したCSCE第二回首脳会議への道をたどる。

## （1）ドイツ再統一――欧州安全保障の激変

一九八九年は、一月のハンガリーでの複数政党制承認に始まり、ポーランド「連帯」政権成立、ハンガリー・オーストリア国境解放（九月）、ベルリンの壁崩壊、チェコスロバキア「ビロード革命」（一一月）へと、東欧全域が連続する急激な変化の年となった。

一九七五年以来の第二回CSCE首脳会議という構想は、ゴルバチョフ・ソ連最高会議議長（当時）が一九八九年七月にストラスブールの欧州評議会で行った演説で提起された。一九九二年に予定されていた外相会合ではなく、格上げの首脳会議を一九九〇年に前倒し開催、としたのは、東欧の急激な変動が主な動機だった。ゴルバチョフは、欧州の新たな安全保障構造を議論するCSCE首脳会議を提案することでドイツ問題に対処する時間を稼ぎ、まず冷戦後の全般的取り決めについて西側と合意することを考えていた。

西欧諸国も東西ドイツの統一と東西欧州の安全保障確保の緊急性を認識し、欧州共同体（EC、当時加盟一二カ国）は一九九〇年六月の首脳会議でゴルバチョフの提案を取り上げ、一九九〇年一一月のCSCE首脳会議開催の調整をすすめた。

しかし、米国のブッシュ（父）政権は一九九〇年二月まで、CSCE首脳会議に同意しなかった。難航していた欧州通常戦力条約（CFE）交渉の完了を条件とした。ゴルバチョフとの間で中距離核戦力（INF）全廃条約をまとめたレーガン前政権では副大統領の座にあったブッシュ大統領だが、一九八九年一月の政権発足以後、対ソ政策の見直しを続けていた。ブッシュ氏は同年一二月三日、マルタ島でのゴルバチョフとの首脳会談後の共同記者会見では、「我々は恒久的な平和を実現し、東西関係を永続的な協力関係へと変えることができる」と表明した。しかし、ブリュッセルでNATO首脳に会談結果を報告した四日の記者会見では、「私が冷戦は終わったと合図すれば、『欧州に軍隊を駐留させて何をしているのか』ということになる」と、冷戦終結を表明しなかった。

マルタでの米ソ首脳会議直後にゴルバチョフと会談したフランスのミッテラン大統領は、新たな汎欧州安全保障体制の問題を先に処理する必要があるという点で、一致した。ミッテランは、ブッシュに「ドイツの再統一はECよりも先に進めてはならない。そうなればすべては破綻する」と訴えた。また、一九八九年一二月三一日には中・東欧諸国に、最終的にEC加盟につながる「European Confederation」（欧州国家連合）を提案していた。

東西ドイツの統一をめぐり、欧州秩序を重視して慎重な英仏両国に対抗して、米国は統一早期推進の立場だった。統一されたドイツはＮＡＴＯに含まれるのか、米国および ソ連の双方と同盟を結ぶのか、中立か、あるいはまったく新たな欧州の安全保障体制の中に包摂されるのか、重大な転換点だった。戦後ドイツを分割占領した四カ国（米、英、仏、ソ連）の思惑は異なっていた。

## ①ドイツ統一とＮＡＴＯ不拡大の「約束」

こうした状況のなかで、ドイツ統一の条件としてＮＡＴＯを拡大しないという「約束」が、特に米国、西独、ソ連の間でなされていた、ともいわれる。真偽をめぐる論争は現在も続き、ロシアのプーチン大統領やラブロフ外相は、ウクライナ侵略を正当化する口実の一つとして、「約束が破られた」と主張しているが、「約束」論争の結論を言えば、ＮＡＴＯ不拡大「約束」を文書化したものは存在しないし、なにより、以下の事態の展開で明らかになってくるように、ソ連・ロシアは、何度かあった実際のＮＡＴＯ拡大の際、決定的な反対意思を示していないのが歴史の真実だ。

例えば、ゴルバチョフ氏は、ＮＡＴＯ不拡大の「約束」はなかったと断言している。

「ＮＡＴＯ拡大」という話題はまったく議論されなかった。全責任を持ってそう言う。我々が提起した問題は、ドイツ再統一後にＮＡＴＯ軍が当時のドイツ民主共和国〔東独〕領に展開しないようにすることだった。それはずっと守られてきた。ゴルバチョフや当時のソ連当局を、西側の言いなりでナイーブだったと決めつけないでほしい。ナイーブさがあったとすれば、それはＮＡＴＯ拡大が発生した後のことだ。ロシアは当初、反対しなかった。米国とその同盟国がＮＡＴ

Oの東方拡大を決定的にしたのは一九九三年だった。私は最初からこれを大きな過ちだと言っていた（"Mikhail Gorbachev: I am against all walls", Russia Beyond, OCT 16, 2014）。

冷戦後の欧州安全保障体制を左右するドイツ再統一の方式の本格的提案は、ゲンシャー西独外相の一九九〇年一月三一日のトゥッツィングでの演説から始まる。ゲンシャー外相は、二月二日にはワシントンを緊急訪問し、ベーカー米国務長官に「NATOはドイツ民主共和国地域にも東欧の他のどこの地域にも領域を拡大しない」との構想を訴えた。ゴルバチョフ・ソ連最高会議議長（三月一五日からソ連大統領）が二月九日にベーカー氏と、翌一〇日にコール首相と会談するなかでもこの「約束」が展開されていく。

ベーカーはゴルバチョフに、米国の立場を次のように説明する。「米国がNATOの枠内でドイツに駐留し続ける場合、NATOの現在の軍事管轄権が一インチたりとも東の方向に広がらないという保証が、ソ連だけでなく他のヨーロッパ諸国にとっても重要であることを理解している」。ベーカー長官は「一インチといえども東進しない」と三度、繰り返した。さらに、「NATOの拡張は容認できない」とのゴルバチョフの発言に同意している（"Record of conversation between Mikhail Gorbachev and James Baker in Moscow", National Security Archive）。

ベーカーは、翌日ゴルバチョフと会談するコール首相に書簡を送り、ゴルバチョフはいかなるNATO領域の拡大も受け入れられない、と主張したが、「現在の区域〔西ドイツ領〕のNATOは容認するかもしれない」と助言した（"Letter from James Baker to Helmut Kohl", National Security Archive）。

しかし、NATOは東進しないとほのめかすベーカー（とゲンシャーの）構想には米政府内に批判が存在した。スコウクロフト大統領補佐官と国家安全保障会議は、統一ドイツ全体がNATOに加盟し、旧東独地域は「軍事的な特別地位」とする、との内容のブッシュ大統領名のコール宛書簡をまとめた。

コールは、一九九〇年二月一〇日、西ドイツからソ連に向かう機内で、ブッシュとベーカーの二通の書簡を受け取った。ブッシュ書簡は、NATOの境界が東に（特別地位として）移動することを示唆し、ベーカーの手紙は、移動しないことを示唆していた。コールは、ベーカー書簡の方がモスクワからドイツ再統一の許可を得る可能性が高いと判断、ゴルバチョフとの会談で、「NATOは活動範囲を拡大すべきではないと考えている」と言明した（"A Broken Promise? What the West Really Told Moscow About NATO Expansion", Mary Elise Sarotte, Foreign Affairs, September/October 2014）。

ベーカー長官は五月、米ソ首脳会談準備のために再びモスクワを訪れてゴルバチョフ大統領と会談し、ソ連の「懸念に配慮した九項目」を提示した。①CSCEを新しい欧州の重要な礎石となるような恒久的な機関に変える努力をする、②欧州通常戦力交渉を通じて欧州の軍事力を制限する、③NATOを「政治的」な組織に変える、などの内容だった。

ベーカーは、ロシアも調印している一九七五年のCSCE「ヘルシンキ最終議定書[*]」は、いかなる国にも選択した同盟に参加する権利を保障している、とも主張した。ゴルバチョフは、統一ドイツのNATO帰属は「欧州と世界全体の戦略的均衡の変化」をもたらすと、反対を繰り返した。同席したシェワルナゼ・ソ連外相は、「もし、統一ドイツがNATOに加盟したら、ペレストロイカは吹き飛ばされる」とベーカーに警告した（"Record of conversation between Mikhail Gorbachev and James Baker in Moscow", National Security Archive）。

＊一九七五年ヘルシンキ最終議定書　「パリ憲章」は冒頭、「人々の勇気、強い意志、そして『ヘルシンキ最終議定書』の理念の持つ力によって、欧州に民主主義、平和、統一の新時代が開かれた」と、一九七五年ヘルシンキ最終議定書の役割を再確認している。

ヘルシンキ最終議定書は冷戦中の一九七五年八月、全欧州（アルバニアを除く）と米国、カナダの三五カ国首脳が一堂に会した会議で承認、署名された。最終議定書は、ＷＴＯとＮＡＴＯが一九六〇年代に、全欧州安全保障会議をめぐって構想を交換したことから始まり、一九七二年の最初の準備会議から三年近くの連続する会合を経て合意された。第一分野「欧州における安全保障に関する諸問題」、第二分野「経済、科学技術及び環境の分野における協力」、第三分野「人道及びその他の分野における協力」などで構成される。

当時のソ連のブレジネフ政権は、戦後国境の固定化を達成する代償として、人の移動の自由、情報に対するアクセスの改善を重要な内容とする第三分野の課題を受け入れた。ソ連や東欧の政権のこの分野への誓約は疑問視されたが、その後の冷戦終結に向かう発展に大きな影響を及ぼした。

「パリ憲章」が基礎を置く「最終議定書の一〇原則」は、参加国間の関係を導く原則に関する宣言」の「一〇原則」——①主権平等とその尊重、②武力の威嚇、行使の自制、③国境の不可侵、④国家の領土保全、⑤紛争の平和的解決、⑥内政不干渉、⑦思想、良心、宗教又は信仰の自由を含む人権及び基本的自由の尊重、⑧人民の平等および自決権、⑨国家間の協力、⑩国際法上の義務の誠実な履行――である。

これらは、一九七〇年国連総会決議「友好関係原則宣言」で規定され、国際法の基本原則とみなされていた七つの原則（武力行使・威嚇の禁止、国際紛争の平和的解決、国内問題不干渉、相互協力義務、人民の同権及び自決、主権平等、国際義務の誠実履行）と重なっている。「友好関係原則宣言」にはない、③国境の不可侵と④領土保全の原則が、現状固定化を保証するとのソ連の強い意向の反映だった。

## ②二つの軍事同盟に代わる安全保障構想

ゴルバチョフは一九八七年四月（当時、ソ連共産党書記長）、訪問先のプラハで、ソ連の外交戦略として初めて、まとまった形の「欧州共同の家」構想を表明していた。それは、東西それぞれのブロックの存在を前提とした上で、両者は対立を回避し、共存するという内容の欧州秩序だった。しかし、一九八九年七月に、東西ドイツの再統一が不可避となるなかで欧州評議会を訪れたゴルバチョフの演説では、「欧州共同の家」は東西の軍事ブロックの解消という方向が色濃くなっていた。

ワルシャワ条約機構（WTO）はすでに一九八九年五月の段階で、東西二つの軍事同盟の終焉が目前に迫っていることを示唆する声明を発表し、シェワルナゼ・ソ連外相は、同年一〇月のソ連最高会議の演説で、WTOもNATOもない欧州の展望を表明した。ゴルバチョフは一九九〇年初めには、

ＣＳＣＥをＷＴＯとＮＡＴＯに代わる枠組みとする欧州安保構造を構想していた。

西ドイツでも、ゲンシャー外相が一九九〇年三月、ＮＡＴＯとＷＴＯの解消と集団的安全保障機構の設置の構想を表明した。しかし、コール首相は、それは政府の公式の立場ではないと、ゲンシャー外相を厳しく批判した。

米国の立場は、ＮＡＴＯ堅持で一貫していた。ブッシュ米大統領は四月、ミッテラン仏大統領への極秘電報の中で、「東欧、そしておそらくソ連さえ含むことになる汎欧州集団安全保障体制が、西欧への脅威を抑止する能力を持つとは考えられない」と警告。冷戦後の欧州の主要な安全保障組織は、ミッテランが前年末に提案した「欧州国家連合」（European Confederation）のようなものであってはならないと表明していた。

先に述べたように、ベーカー米国務長官は一九九〇年五月一八日のゴルバチョフ大統領との会談で、ＣＳＣＥを新しい欧州の重要な礎石となるような恒久的な機関に変える努力を含む「九項目」を提示した。しかし、ゴルバチョフがＮＡＴＯとワルシャワ条約機構に代わる新しい安全保障機構を構築する必要性について語ったとき、ベーカーは、「汎欧州の安全保障構造やＣＳＣＥの役割について語るのはいいことだ。素晴らしい夢だが、夢にすぎない。ＮＡＴＯが存在するのだから」と答えた。

その際、ゴルバチョフは、統一ドイツがＮＡＴＯとワルシャワ条約機構の両方に加盟することでひとつの安全保障機構を作るというアイデアも表明し、次のように開き直る。

「私の主張がどれもあなた方を納得させなければ、私は大統領に我々もＮＡＴＯに加盟したいと公式に表明しよう。結局のところ、あなたは、NATOは我々に敵対するものではなく、新たな現実に適応するための安全保障機構に過ぎないと言う。だったら、我々はNATOへの加盟を提案するつもりだ」。

ベーカーは、「それは興味深い」の一言だけで、話題を変えた。

ゴルバチョフはしかし、二週間後の五月三〇日から六月三日にかけてワシントンとキャンプ・デービッドで行われた米ソ首脳会談で立場を一変させ、ソ連側代表団さえ驚かせた。会談後の共同記者会見では「統一ドイツは完全なNATO加盟国でなければならない」というブッシュの見解にゴルバチョフは同意しないが、両者は「同盟帰属の問題は、ヘルシンキ最終議定書に従って、ドイツ人が決める事項であるという点では一致する」と発表された（"Record of conversation between Mikhail Gorbachev and George Bush". White House, Washington D.C., National Security Archive）。

この会談でブッシュ大統領は、CSCEの役割について、NATO、CSCE、欧州共同体（EC）が「新しい包括的な欧州の礎石」を構成し、欧州通常戦力協定（CFE）が「欧州の新しい政治・安全保障構造を発展させるための入り口」となると述べ、ソ連が「新しい欧州に統合される」ことを望んでいると表明した。

ゴルバチョフは、この米国との二つの会談の間に、ドプチェク（チェコスロバキア国会議長、当時）と会談し、「統一ドイツがNATOに加盟するなら、我々もその同盟に加盟すべきかもしれない」と示唆している。ゴルバチョフの冷戦後構想は、政治的同盟になると想定されるNATOを中心とするものに変化してきていた。

ワルシャワ条約機構（WTO）側は六月、モスクワで行われた政治諮問委員会で、「イデオロギー的な敵イメージ」の克服を求めるとともに、NATOとWTO間の「対立的な諸要素はもはや時代精神に対応していない」と宣言していた。シェワルナゼ外相はこの宣言に触れて、WTOは「政治的同盟への転換」を果たしており、「NATOの側でそれに対応するような歩みが踏み出されるならば、欧州には全く新しい状況が生まれるだろう」と、ゲンシャー外相に伝えていた。NATOの転換は、ゴルバチョフ体制の今後を決めるソ連共産党大会（一九九〇年七月二～一三日）の動向に決定的な助力となるものだった。

NATOは七月六日、首脳会議を開きロンドン宣言を発表する。同宣言は、ワルシャワ条約加盟国に対し、「我々はもはや敵対国ではないことを厳粛に表明し、いかなる国家の領土保全または政治的独立に対する武力による威嚇または武力の行使も、また、国連憲章の目的および原則ならびにCSCE最終議定書に反するその他のいかなる行動も慎む意思を再確認する」との共同宣言を提案した。さらに、「あらゆる紛争の平和的解決に全力を尽くす。いかなる状況においても、我々が最初に武力を行使することはない」と言明した。

七月一六日、ゴルバチョフ・ソ連大統領とコール西独首相は、モスクワからゴルバチョフの故郷コーカサス・スタブロポリの別荘に場所を移して続けた首脳会談で、ソ連に対する西ドイツの経済支援とともに、統一ドイツが「完全な主権を持ってNATO加盟国となる」ことで合意した。旧東独地域については、ソ連軍の駐留期間を三～四年とし、ソ連軍撤退後も核兵器も外国の軍隊も配備されない、ソ連軍撤退のための経費はドイツ負担、とされた。

九月一二日、東西ドイツと第二次大戦後ドイツを占領した米、英、仏、ソ四カ国（2＋4）との間で「ドイツ最終規定条約」が調印された。

米政府内ではこの時、一一月のCSCEパリ首脳会議の直前、NATO戦略見直しの議論がなされている。一〇月二二日付の「NATOの将来」と題された討議資料（米国務省「極秘」指定）は、以下のようなブッシュ政権の問題意識を示している。

検討すべき第一の主題は「欧州の柱」をどうするか。「NATOが優位を維持できるよう、必要ならばNATOの変容を図る」。具体的には、「既存の制度か、まったく新しい基盤の創設か」「米国は軍事的主導権を放棄、あるいは共有できるか」「欧州安全保障機構の範囲をどこまでとするか。東欧諸国を含めるのか？」などが論点になっている。

第二は、「制度的関係」。「欧州、特に東欧諸国のほとんどは、ある種の集団的安全保障の価値を高く評価している」と認める。その上で、「CSCEは積極的に軍事・安全保障上の役割を担うのか、ユーゴスラビアで平和維持の役割を担うのか」「NATOの中核的役割を維持しつつ、これら機関との関係はどうするか」が問われている。

また、東欧諸国のNATO加盟について、「現在の環境では、NATO完全加盟と安全保障を認めることは得策ではない。ソビエトに対するこれらの国々の安全を保証する立場にはないし、いかなる場合でも、ソビエト国境を境とする反ソ連連合を組織することは望んでいない。東欧とソ連の現在の前向きな傾向を逆転させることになりかねない」とまとめられている。一〇月二五日付国務省「秘」文書は、東欧諸国の加盟の可能性について、「国防総省側は、現時点では議論しないという但し書きをつけた上で、ドアを半開きにしておくことを望んでいる」とまとめている。

各国のこうした意図と動きが集約されて、「新しい欧州のためのパリ憲章」が一九九〇年一一月二一日に採択された。CSCE事務局をプラハに、紛争防止センターをウィーンに、自由選挙事務局（九二年に民主制度及び人権局＝ODIHRと改称）をワルシャワに設置してCSCEの平和維持機能を強化することが三四カ国首脳によって合意された。

《参考文献》
◎「新しい欧州のためのパリ憲章」（CHARTER OF PARIS FOR A NEW EUROPE, Paris 1990）
◎「パリ憲章への道：歴史的物語と今日のOSCEへの教訓」（"The Road to the Charter of Paris Historical Narratives and Lessons for the OSCE Today"）
◎「ゴルバチョフは何を聞いたか」（"NATO Expansion: What Gorbachev Heard", Svetlana Savranskaya and Tom Blanton, National Security Archive, 2017）
◎メアリー・サロット（Mary Elise Sarotte）"NOT ONE INCH America, Russia, and the Making of Post-Cold War Stalemat" Yale University Press, 2021；"A Broken Promise? What the West Really Told Moscow About NATO Expansion", Foreign Affairs, September/October 2014

◎ジョシュア・シフリンソン（Joshua R. Itzkowitz Shifrinson）“Deal or No Deal? The End of the Cold War and the U.S. Offer to Limit NATO Expansion”, International Security, Volume 40, Number 4, Spring 2016

### （2）民族自決と連邦崩壊

一九九一年は前年八月にクウェートに進攻・併合したイラクに対する国連安保理決議にもとづく多国籍軍の一月一七日の攻撃で始まった。他方、欧州では、一九九一年の初めからユーゴスラビア社会主義連邦共和国（以下、ユーゴと略記）での民族対立が、悪化の一途を辿《たど》っていた。

六月にはユーゴの二つの共和国スロベニアとクロアチアが独立を宣言し、ユーゴ連邦軍と両共和国軍の戦闘が勃発した。スロベニアでは早期に停戦合意となったが、クロアチアでの戦闘は長期化した（一一月停戦合意）。ユーゴと国境を接する加盟国を抱えるEC（欧州共同体）は、内戦勃発の翌日には、ルクセンブルク、オランダ、イタリア三国の外相がユーゴ入りし、仲裁活動を開始した。スロベニアでの戦闘停止と停戦の監視、二つの共和国の独立宣言の三カ月間凍結などが決定された。

ECは当初、「平和的手段もしくは合意によらないいかなる国境線の変更も承認しない」と連邦維持を支持していたものの、自決原則の位置づけと解決への主導権をめぐり、内部で意見を統一できず（ドイツは早期独立承認で独断先行した）、二つの共和国の独立を認めることになった。それは、結果的には、二〇世紀の終わりまで続く深刻な民族対立と戦闘をともなったユーゴ連邦の崩壊の過程をもたらした。欧州統一の次の段階「欧州連合」（ＥＵ）に向かうマーストリヒト条約交渉と並行して、その「共通外交・安保政策」の機能を米国の関与なしに証明しようとしたＥＣの試みは、結果的に失敗に終わった。

他方、ソ連邦の各共和国でも民族自決の要求と運動が高揚した。連邦の維持のために各共和国の権利拡大を認める主張も現れていたが、その先行きは不透明だった。

こうした状況下、パリ首脳会議でＣＳＣＥの政治協議の中心機関として設置されたＣＳＣＥ閣僚理事会の初会合が、一九九一年六月にかけてベルリンで開催された（最初に、アルバニアの正式参加が承認され、文字通り「欧州安全保障協力会議」となった）。ソ連、ユーゴでの民族紛争への対応が焦点となり、理事会は、「緊急事態に関する協議と協力のためのメカニズム」の創設で合意した。パリ首脳会議以前から緊急事態対応機構が提案されていたが、ＣＳＣＥが欧州安全保障の中心となることを懸念する米国が反対し、ユーゴで内戦が勃発したとき、ＣＳＣＥの「紛争防止センター」には定まった対応指針は存在しなかった。

七月、少数民族問題に関するＣＳＣＥ専門家会議は、ユーゴと旧ソ連、東欧諸国の民族問題を検討した。ユーゴは、人民の自決権の行使主体には少数民族を含めないことを明確にすべき、と主張したが、九月にモスクワで予定されている「人的側面に関する会議」（ＣＨＤ）で、少数民族問題を仲裁するメカニズムを検討すべきとの合意にとどまった（モスクワ会議は、少数民族問題はＣＨＤの対象と確認したが、具体的対応は定まらなかった)。

## ①ソ連崩壊とNATO

ゴルバチョフの改革に対するソ連国内保守派の反発と八月のクーデター(失敗)は、東欧諸国に深刻な影響を及ぼし、チェコスロバキアのハベル大統領は、「何らかの形のNATO準加盟」をブッシュ米大統領に要請した。しかし、米政府は、東欧諸国を受け入れればNATOの軍事能力は低下し、共通防衛の誓約があいまいになるとの懸念から、「機は熟していない」と判断した。

他方で、ベーカー米国務長官とゲンシャー西独外相は、中・東欧諸国が加盟できるNATO関連組織を構想した。それは、NATO理事会と旧WTO加盟国との閣僚レベルの年次会合という新組織設立提案となった。後に「北大西洋協力会議」(NACC)と呼称されるこの新組織への加盟とその先のNATO加盟の関わりは不明で、その曖昧《あいまい》さが提案の核心だった。NACCへの申請の扱いは、旧ソ連共和国も旧ワルシャワ条約加盟国も同等とすることで、東方の新たな分断線を回避できると考えられた。

NATOは一一月、ローマ首脳会議で同盟の基本戦略を定める「一九九一年戦略概念」を公表した。この新たな「戦略概念」は、「同時的全面攻撃の脅威は取り去られ、それはもはや同盟戦略の焦点ではない」とし、今後直面する脅威は、「民族的対立や領土紛争など、深刻な経済的、社会・政治的困難によって生じる不安定」という「予測不能な危険性」だと規定した。

では、「敵のない中で、なぜNATOは存続するのか」。国際的に広がったこの疑問に、ローマ首脳会議の共同声明は、「NATO、CSCE、欧州共同体（EC）、WEU（西欧同盟）、欧州評議会が相互に補完し合う新たな欧州の安全保障機構の構築を目指す」とこたえた。

共同声明はCSCEについて、「CSCEの制度と機構は、新たな課題に対応できるようにするために、統合され、さらに発展されなければならない」と認めている。具体的には、「紛争予防および危機管理能力の向上」のための紛争予防センターを強化し、関係国の同意がない場合でも「人権、民主主義、法の支配を平和的手段によって保護する能力」を発展させることなどを提案している。

NATOがこの時点で、将来の欧州安全保障機構の構想として、CSCEはじめ一連の国際組織との「相互補完」を言明していることは、重要な「発展」だった。注目すべきは、ここからいかなる理由で、どのように変化してゆくか、である。

その点で、対象メンバーがCSCEとほぼ重複している「北大西洋協力会議」（NACC）が問題を抱えていた。「CSCEの能力と機構を損なうことなくその目的の実現に貢献する」とされたが、CSCEとの違いも不明で、目指すべき「新たな欧州の安全保障機構の構築」には、むしろ障害となる可能性があった。

また、ソ連と中・東欧諸国では、NACCに求める役割がまったく違っていた。ソ連は、一九九〇～九一年の湾岸戦争の際に米ソが国連安保理で協力したように、対等な（少なくとも大国ソ連の地位が認められた）関係を考えていた。中・東欧諸国にとっては、ソ連からの干渉への懸念から、NATO

による保護、さらには加盟への願望をよりかき立てるものとなった。

一九九一年一二月、ソビエト連邦は崩壊した。ユーゴの場合とは異なり、武力紛争のない解体過程だったが、独立したロシア以外の各共和国には、突然、少数派となり、不安と不満を抱くロシア系住民が残されていた。

八月の「保守派」クーデター事件後、ゴルバチョフ政権はほとんど影響力を失った。一二月八日には、ロシア、ウクライナ、ベラルーシの指導者が、互いの独立を認め、ソ連に代わる独立国家共同体（CIS）を創設する「ベロヴェーシ合意」に調印。一六日にはカザフスタンが最後に連邦を脱退し、独立を宣言した。二一日、グルジア（現在のジョージア。二〇〇八年の対ロシア戦争後に国名呼称を変更。以下、呼称は当時のものを使う）とバルト三国を除く旧ソ連共和国がCISに加盟。二六日、共和国会議がソ連邦を正式に解散した。

その同じ二六日に、ブリュッセルのNATO本部で、NATO加盟国一六カ国とバルト三国、さらにソ連、東欧六カ国の外相が参加してNACC創設会議が開かれた（翌年一月からソ連に代わってロシアおよび旧ソ連一一カ国が加わった）。発表されたNACC宣言は、「安定の源としてのNATOの積極的影響」を評価し、加盟各国の安全は不可分で、相互の協力は新たな段階にいたった、と表明した。

会議中、エリツィン・ロシア大統領はこのNACC創設会議に宛てた書簡で、「長期的な政治的目的の中でのロシアのNATO参加」を表明したことが明らかになり、世界を驚かせた。ヴェルナーNATO事務総長は最終的に、「ロシアのNATO加盟を申請しているとは思わない」との判断を示し、ロシア政府もその後、〝十分正確な表現ではなかった〟と表明した。

**②ユーゴ崩壊と平和維持作戦**

ＣＳＣＥは一九九二年一月末、設置されたＣＳＣＥ理事会の第二回会合をプラハで開催した。開会挨拶を行ったチェコスロバキアのハベル大統領は、ＣＳＣＥを軸にした欧州秩序とそのためのＣＳＣＥの機構強化を訴え、平和維持軍の創設を提案した。紛争防止メカニズムや緊急メカニズムの強化策が検討され、ドイツやチェコスロバキアはＣＳＣＥ平和維持軍構想を強く支持したが、米英仏などがＣＳＣＥの強大化に反対し、見送られた。

**ＣＳＣＥの自己規定：国連憲章第八章の地域取極**　一九九二年七月、ユーゴをはじめ民族紛争の脅威が影を落とすなかで、パリ首脳会議から二年ぶりに、加盟国数五一となったＣＳＣＥ首脳会議（ヘルシンキⅡ）が開催された。

首脳会議共同宣言は、ＣＳＣＥを「国連憲章第八章に規定された地域的枠組み」と初めて確認し、欧州の変革の促進とその管理において「中心的役割を担う」と位置付けた。同時に、プラハ理事会から議論が続けられてきたＣＳＣＥの「平和維持活動」について、「必要な要員や装備をＮＡＴＯ、ＷＥＵ、ＥＣから協力を得る」と定めた。

国連憲章は第八章「地域的取極」で、世界の平和と安全の維持に責任を持つ国連安全保障理事会に加えて、地域での平和と安全の問題を処理するための「地域的取極又は地域的機関」に重要な役割を与えている。その第五二条2項は、加盟国に対して「地方的紛争を安全保障理事会に付託する前に、この地域的取極又は地域的機関によつて紛争を平和的に解決する」よう促している。安全保障理事会の許可なしには、「いかなる強制行動も、とられてはならない」（第五三条）ことが条件とされる。

**ＮＡＴＯ：拡大する域外軍事行動**　他方、ＮＡＴＯはすでに述べたように、一九九〇年六月ロンドン首脳会議から一九九一年一一月ローマ首脳会議にかけて軍事同盟の再定義をすすめ、新たな「戦略概念」をまとめた。

一九九一年戦略概念は、加盟国防衛に特化した「集団防衛」組織から、旧ＷＴＯ加盟国との安全保障協議をすすめるとともに条約外地域の「民族的対立や領土紛争など」の防止に関与する組織への発展の意図を表明していた。それは必然的に、条約域外での軍事作戦につながり、ユーゴの武力紛争拡大に比例して、ＮＡＴＯの域外軍事作戦も拡大してゆく。

最初の一歩は一九九一年六月のＮＡＴＯオスロ外相会議だった。外相会議は、翌月のＣＳＣＥのヘルシンキⅡ首脳会議で決定されるならば、個々のケースごとに、「ＮＡＴＯの資産と専門能力をＣＳＣＥの平和維持活動に活用できる方法を検討する」との声明を発表した。前述したようにヘルシンキⅡがＣＳＣＥ平和維持活動の実施にあたってＮＡＴＯとＷＥＵから支援を受けることを決定すると、ＮＡＴＯとＷＥＵは即日、国連の対ユーゴ禁輸実施の強化のためアドリア海の公海域へＮＡＴＯ地中海常設海軍の所属艦艇の派遣を決定した。

ＮＡＴＯはその後、安保理決議七八一が定めたボスニア・ヘルツェゴビナ（以下、ボスニアと略記）上空の飛行制限の監視作戦に、空中早期警戒管制機（WACS）を投入。一九九二年一一月には、船舶の停止、臨検などの強制作戦を開始した。一九九三年四月には、安保理決議八一六にもとづくボスニア上空飛行禁止区域強制作戦のため、空軍を戦闘地域に派遣した（当初五〇機、後に二〇〇機）。ヴェルナーNATO事務総長は「NATOとして初の実戦参加」「初の域外作戦、国連支援作戦」と、その意義を強調した。

NATOブリュッセル首脳会議は一九九四年一月、域外作戦行動の基準を定めた。「ケース・バイ・ケースを基礎として、われわれの手続きに則って、国連安保理の権威の下に、または、CSCEの責任のもとで行われる平和維持活動およびその他の活動を支援する」とされた。

二月には、国連事務総長の要請にこたえて、国連保護軍（UNPROFOR）が認定した地点への空爆実施を決定。同月、NATO軍機がボスニア上空の飛行禁止区域を飛行中のユーゴ軍機を撃墜し、NATO創立以来初の交戦となった。以後、空爆作戦が次々と展開され、一九九五年一二月のボスニア和平合意（デイトン合意）締結までの二年間に、NATO軍機の出撃回数はのべ一〇万回にのぼった。

この時点でのNATOの域外作戦行動の基準は、国連安保理の権威またはCSCEの責任の下で行われる平和維持活動、とされていたことに注目する必要がある。後述するように、一九九九年には国連の授権なしのセルビア空爆実行にいたる。

## ③NATOの段階的拡大

旧WTO加盟国や独立した旧ソ連共和国にとって、NACCにはNATOとの間の軍事協力に関する規定もメカニズムもなく、CSCEにない付加的な利益はなかった。一方、ユーゴでの民族対立と分離戦争の深刻化は、ハンガリーとルーマニア、ルーマニアとモルドバ、ハンガリーとスロバキアなど、東欧における長年の領土問題や国家間の対立が激化する懸念を強めた。また、エリツィン大統領が一九九三年一〇月、軍に最高会議ビルを砲撃させて憲法上の対立を決着させた事態などは、ロシアの専制体制への後退の可能性という強い印象を与え、中・東欧諸国のNATOの軍事能力への期待を高めた。

ワシントンを訪問したチェコのハベル大統領（チェコスロバキアは一九九三年一月にチェコとスロバキアに分離独立）は一九九三年四月、クリントン大統領に、「NATOに加盟を求めている。価値観と精神において、我々は西欧の一部なのです」と訴えた。ポーランドのワレサ大統領もクリントンとの会談で、より率直に、「我々はロシアを恐れている。ロシアが再び攻撃的な外交政策をとれば、その攻撃はウクライナとポーランドに向かう」と主張した。

同年八月、ポーランドのワルシャワに招待されたロシアのエリツィン大統領はポーランドのNATO加盟に反対しないと夕食会で表明した。ワレサは即座にワシントンに通報したが、ワシントンは反応せず、ロシア政府はエリツィン発言を撤回した。

ヴェルナーNATO事務総長は九月、「東欧諸国の求めるNATO加盟への対応を明らかにすべきときが来た」と公式に表明したが、イギリスは軍事同盟の機能を弱めることになる拡大に反対し、フランスは東欧諸国のEU加盟を優先していた。

他方、エリツィン大統領は九月一五日付のクリントン大統領宛書簡で、NATO拡大の議論への「不安」を表明する（九月末には同趣旨の書簡が英仏首脳にも届く）。書簡は、「中・東欧の多くの国が、NATOに近づき、何らかの形で同盟への統合を達成したいという、かなり明確な願望を持っている」と書き出し、現在の欧州の最大の脅威は、東西対立ではなく、「新世代の民族紛争」だと述べ、「危機や紛争を予防し解決する集団的行動を前提とするアプローチ」「真に汎欧州的な安全保障システム」を提唱した。

さらに、「長い目で見れば、われわれがNATOに加盟する可能性も否定できないだろう。しかし当面、それは理論的な提案だ。NATOとともに、東欧諸国に対して、主権、領土保全、国境の不可侵を保証し、地域平和の維持を重視した公式の安全保障を提供する用意がある」と表明している（"Retranslation of Yeltsin letter on NATO expansion", National Security Archive）。

## （3）新たな欧州安全保障体制

### ①「NATOの拡大と変革のための戦略」

米政府はその当時、NATO拡大の戦略を定めようとしていた。一九九三年九月初めの国務省の文書「NATOの拡大と変革のための戦略」は、「ECとCSCEはいずれも〔欧州安全保障の柱としての〕役割を果たすことはできない」として、NATOを中心とする「欧州における根本的に新しい制度的な取り決めが必要」だと主張する。

そのために、NATOを全欧州規模の制度とするために段階的な加盟受け入れを提案する。第一段階は、脅威を受けた場合の協議の約束（NATOが基礎とする北大西洋条約の第四条）を、第二段階として集団防衛の誓約（第五条）を与える。段階的であれば、民主化の進展を加盟基準として、一部の国の早期拡大あるいは、時間をかけてのロシア加盟の見通しが立つ、という理由だ。

一九九八年までに、チェコ、ポーランド、ハンガリー、そして場合によってはブルガリアとスロベニア。二〇〇〇年までに、ルーマニア、アルバニア、バルト三国。二〇〇五年までに、ウクライナ、ベラルーシ、ロシア。ただし、「明らかに、ロシアが全体主義に回帰するか、この地域の国家に対する脅威として出現すれば、拡大を停止」することになる、と付け加えている（"Strategy for NATO's Expansion and Transformation", National Security Archive）。

クリストファー米国務長官は一九九三年一〇月、ロシアを訪問して、エリツィン大統領に、九月一五日付の書簡を「細心の注意」をもって研究した結果、クリントン米大統領は一月のNATO首脳会議に「平和のためのパートナーシップ」（PfP）構想を提案する、と通知。PfPはロシアと旧ソ連からの新興独立諸国を含む欧州の全ての国に開放され、「ロシアを欧州の将来の安全保障への全面的な参加から排除したりするような提案はありえない」と保証した。エリツィン大統領は、「すべての国が対等で、加盟ではなくパートナーシップということか」と確認した上で、「素晴らしいアイデアだ。天才的発想だ」と称賛した。東欧諸国のNATO加盟願望への懸念、「ロシアが二流の地位に置かれる」恐れがすべて解消されると述べた（"Secretary Christopher's meeting with President Yeltsin, 10/22/93, Moscow", National Security Archive）。

**NATO拡大の宣言**　NATOは一九九四年一月、ブリュッセル首脳会議でPfPの発足を宣言。共同声明は、PfPへの積極的参加は、「NATOの拡大という進化の過程に重要な役割を果たす」と述べた。

クリントン大統領は、ロシアのエリツィン大統領には、この拡大は「排除ではなく包摂を強調している。NATOの拡大は反ロシア的なものではなく、ロシアを排他的に扱うことを意図したものでもなく、差し迫った時間枠もない」と説明に努めた（九月、ホワイトハウス）。

エリツィンは、「了解した。記者会見で聞かれたら、米国はNATOの拡大に賛成だが、そのプロセスは段階的で長いものになるだろう、とだけ答えてほしい。ロシアをNATOから排除するのかと聞かれたら、ノー、と」と述べた（臨席していたタルボット国務副長官が、ルーエ独国防相がロシアのNATO加盟は「決して」ないと発言した際にペリー米国防長官が「排除するつもりはない」と表明したと補足すると、エリツィンは「ペリーは正しい。ルーエより賢い」と喜んだ）。

エリツィンはそれ以後も繰り返し、クリントンにNATO拡大方針への疑念を訴えている。一一月二日付の書簡では、「ロシアとアメリカのパートナーシップが世界政治の中心的な要素を構成しているという基本的な理解が存在するはずだ」と、ロシアとアメリカの戦略的パートナーシップの確認を求め、一一月三〇日付の書簡では、九月の合意に言及している。

しかし、NATO理事会は一二月一日、「NATOの拡大方法、拡大のプロセスを導く原則、加盟の意味、を決定する検討プロセスを開始する」との声明を発表した。ロシアのコズイレフ外相は、「PfPはNATO拡大の代用」であることが明確になったとして、予定されていたPfP署名を拒否した。

②「**相互補完**」

エリツィン大統領は直後のCSCE首脳会議（一九九四年一二月、ブダペスト）で、クリントン大統領を前に、「なぜ不信の種をまくのか？　欧州は冷たい平和に陥る危険がある」と不満を爆発させた。翌日のニューヨーク・タイムズは、「NATOは欧州大陸を再び分裂させようとしていると、エリツィン」の一面見出しで、報じた。

クリントンは、帰国直後にエリツィンに書簡を送り、「NATOは、PfPを通じて時間をかけて徐々に拡大」し、進化するのだと説得にかかった。NATOは拡大するが、欧州に新たな分裂を引き起こすことなく、「ロシアとNATOとの連携強化を含む完全な統合の達成」を共通の目標としようと訴えている。さらに、「ロシア、米国、欧州のすべての国が全面的に参加できる、統一・安定・平和の欧州を構築する」ことが米国の最重要戦略で、「このプロセスには、強化されたCSCEが含まれる」と念を押している。

NATOをめぐる米ロの対立の一方、ブダペスト首脳会議はCSCEを「欧州安全保障協力機構」（OSCE）に発展させ、「欧州における協議、意思決定、協力のための包括的かつ包摂的なフォーラムとしての役割を果たす」と定めた。

首脳会議を主催した議長国ハンガリーのコバーチ外相は、OSCE Yearbook 1995（ハンブルク大学・平和安全保障研究所〔IFSH〕）掲載の論文で、OSCEは、「直接被害を受けた当事者の問題を解決する立場にない」ことを踏まえた上で、危機の早期警戒・予防・解決に関与する機構だと強調。「多くの柱に支えられた汎欧州的な安全保障機構」だけが欧州の安全保障問題を解決できると述べ、OSCEは「相互補強機関」の一つとして、その比較優位を最も効果的に発揮するのだと、並列的存在論を展開している。NATO、EU、WEUは、組織外の人々に孤立感を与えない形で機能を拡大するべきだと、付け加えている。

ゲンシャー西独外相もOSCE Yearbook 1995で以下のように同じ考えを展開している。「首脳会議は、『二一世紀の欧州のための共通かつ包括的な安全保障モデル』の議論を開始することを決定した。この『モデル』は、NATOよりもOSCEを優先するというような階層序列的関係にではなく、欧州と大西洋の機構の効果的な結合に基づいた、安全保障と安定の汎欧州秩序の基本的要素を盛り込むべきだ」。

こうして、「NATO、CSCE、欧州共同体（EC）、WEU（西欧同盟）、欧州評議会が相互に補完し合う新たな欧州の安全保障機構の構築を目指す」との一九九一年NATOローマ宣言は、米政府の「NATOの拡大と変革のための戦略」の方向にすすんでゆく。

### ③第一次NATO拡大

エリツィン氏は一九九六年七月、ロシア大統領に再選された。しかし、六月の大統領選挙第一回投票では、ロシア共産党のジュガーノフ候補に僅差に迫られ（得票率三五パーセント対三二パーセント）、七月の決戦投票でかろうじて勝利した（同五三パーセント対四〇パーセント）。経済混乱やチェチェン侵攻失敗などで国民の支持を失っており、一九九五年一二月の下院選挙ではロシア共産党が議席占有率三五パーセントの第一党となっていた。第二次エリツィン政権では、再選の決め手となった新興財閥の影響力はさらに増し、金権・腐敗の政治が蔓延し、政権の権威は低下し続けることになる。

再選された、クリントン大統領とエリツィン大統領は一九九七年三月、ヘルシンキで首脳会談を行い、「驚くべき多くの合意をなした」（米紙ワシントン・ポスト一九九七年三月二二日付）。

エリツィンはNATO拡大への反対意思を表明しつつも、旧ワルシャワ条約機構加盟国であるポーランド、ハンガリー、チェコのNATO加盟を受け入れ、その条件としていた将来のNATO・ロシア関係を定める文書も、条約ではなく「最高政治レベルでの永続的な約束」として交渉を進めることで納得した。クリントンは、輸出入銀行などの米国政府機関のロシアでの活動拡大を約束し、先進七カ国首脳会議（G7）にロシアを加えた「八カ国首脳会議」の発足を確認した。また、二〇〇七年末までに戦略核弾頭の配備数を二〇〇〇～二五〇〇発に削減するSTARTⅢ、ABM条約で認められている対短距離ミサイル防衛の定義（米国が開発中のミサイル防衛システムを承認）、化学兵器禁止条約の批准推進でも合意した。

NATO・ロシア基本議定書（NATO-Russia Founding Act）　この合意を受けて、ロシアとNATO加盟一六カ国首脳は一九九七年五月、パリに集まり、「NATO・ロシア基本議定書」に調印した。エリツィンは調印式の最後に、「ここにいる国々を狙った兵器はすべて、弾頭を取り外す」と述べ、喝采を浴びた。

正式名称「NATOおよびロシア連邦の相互の関係、協力および安全保障に関する基本議定書」の合意は冒頭、「NATOとロシアは互いを敵対視しない」「民主主義と協調的安全保障の原則に基づき、欧州・大西洋地域における永続的かつ包摂的な平和を共に構築する」と宣言。NATO・ロシア常設合同理事会の創設とNATO新規加盟国には核兵器の配備はしないとのNATOの保証が議定書合意の核心だった。

「基本議定書」は同時に、新たな欧州安全保障の構想を次のように確認している。

◎欧州・大西洋共同体におけるすべての国家の安全保障は不可分であるという原則に基づき、欧州における共通かつ包括的な安全保障の確立に貢献するために協力する。

◎いかなる国家の主権をも制限する分断線や影響圏のない、安全保障と安定の共通空間を欧州に創出することを目的として、OSCEの参加国間で可能な限り広範な協力を模索する。

◎ＯＳＣＥの強化を支援する。それには、予防外交、紛争予防、危機管理、紛争後の復興及び地域の安全保障協力における主要な手段としての役割の更なる発展、その任務を遂行するための活動能力の強化を含む。

ロシアの同意の下、ＮＡＴＯは一九九七年七月のマドリード首脳会議で、チェコ、ハンガリー、ポーランドへのＮＡＴＯ加盟交渉開始の招請を決定した（一九九九年三月正式加盟）。

《参考文献》

◎「エリツィンは何を聞いたか」（"NATO Expansion: What Yeltsin Heard", National Security Archive, 2018）

◎「１９９４年ブダペストの爆発」（"NATO Expansion: The Budapest Blow Up 1994", National Security Archive, 2021）から。

## （４）冷戦後一〇年の到達点

一九九〇年のＣＳＣＥ「新しい欧州のためのパリ憲章」は、①欧州の対立と分断の時代は終わった、②平和的手段によって紛争を解決する、③紛争の予防及び解決のためのメカニズムを発展させる、と誓った。一〇年の後、どのような紛争予防メカニズムがつくり上げられたのか、あらためて振り返る。

## ①NATOとOSCE

NATOとOSCEは、一九九一年一一月のNATOローマ首脳会議で定義された「新たな安全保障構造」の礎石とされ、CSCEの紛争予防、危機管理、紛争の平和的解決の可能性が強調された。翌月のNATO外相理事会は、NATOの「経験をCSCEが利用できるようにする用意」を表明。一九九二年CSCEヘルシンキ首脳会議は、CSCEは国連憲章第八章の地域取極であると定め、NATOによるCSCE平和維持活動への支援の用意を歓迎した。

一九九七年五月、NATO一六カ国とロシアの首脳は、NATO・ロシア基本議定書に調印し、OSCEを両者の関係の核心に置いた。基本議定書は、「国連安全保障理事会の権限またはOSCEの責任の下で、ケースバイケースで、平和維持活動を含む共同活動」を計画し、準備し、実施することで合意している。

直後のNATOマドリード首脳会議（七月）は、「国連憲章第八章に基づく地域機関」としてのOSCEを高く評価し、「紛争予防、協調的安全保障、さらに民主主義と人権促進のための主要な手段として、OSCEをさらに強化する」と再確認した。

しかし、OSCEとNATOのこの関係は、ユーゴの民族間武力紛争に関わる中で根本的に転換した。一九九三年には、CSCEが平和維持活動でNATOに授権する可能性さえ議論されたが、NATOは授権に基づく平和維持活動ではなく、軍事同盟として独自の危機管理能力の構築をすすめた。

ＮＡＴＯはボスニア、コソボに軍事介入し、武力紛争を終結させた。コソボでは、一九九八年から一九九九年にかけて、二〇〇〇人の非武装要員で構成されたＯＳＣＥコソボ監視ミッションがＮＡＴＯの軍事的保護の下で、国連安保理決議（一一九九）順守を検証する任務についた。

コソボの自治をめぐるフランス・ランブイエでの交渉（セルビア、コソボ分離勢力＋米、英、ロ）はほぼ合意に達していたが、ＮＡＴＯは最終段階でＮＡＴＯ要員に対するユーゴ国内法適用除外などの軍事分野の一連の要求（付属文書Ｂ）を提示。セルビアとロシアは署名を拒否し、交渉は打ち切られた。セルビア議会は最終的にコソボの自治を認め、付属文書Ｂ以外のランブイエ合意受け入れを表明したが、その翌日、ＮＡＴＯは国連の授権のないまま七八日間にわたるセルビア空爆を開始した。ＮＡＴＯが求めたランブイエ合意は「空爆の口実」（キッシンジャー元米国務長官）だった。

旧ユーゴスラビアにおける戦争の終結は、ＯＳＣＥの授権の下でＮＡＴＯが平和維持活動に関与するという、一九九一年一一月のＮＡＴＯローマ首脳会議で浮上した可能性を消滅させた。と同時に、ＯＳＣＥとＮＡＴＯとの関係をめぐってＯＳＣＥ常任理事会の分裂をもたらした。ロシアは、ＯＳＣＥは欧州安全保障機構の役割分担でＮＡＴＯの道具の位置に置かれることになった、と強く反発した。

### ②ＮＡＴＯの変容：一九九九年戦略概念

ＮＡＴＯは一九九九年四月、セルビア空爆作戦の最中に、ワシントンでＮＡＴＯ結成五〇周年首脳会議を開いた。そこで採択された「一九九九年戦略概念」は、直面する脅威の認識とそれへの対処、

NATOが軍事行動をとる地理的範囲という点で、一九九一年戦略概念を大きく変更した。まず、「安全保障上の挑戦と危険」がより具体的に規定された。「民族的、宗教的抗争、領土紛争、不適切な改革努力やその失敗、人権侵害、国家の解体は、現地の、さらには地域の不安定化を招きかねない」。そのため、NATOは国連憲章第五一条を根拠とした北大西洋条約第五条の集団的自衛権の発動に限定されることなく、こうした危機(「非五条危機」〈non-Article5 crisis〉と表現される)に対処する。

第二に、その際の作戦行動範囲が無限に拡大された。一九九一年戦略概念を定める際に、議論の的だった「条約域外」(out of area)という用語はもはや存在しない。「欧州・大西洋地域および周辺」および「非五条危機対応行動」という表現になった。クリントン米大統領は、一九九九年戦略概念を採択した直後の記者会見で、「欧州・大西洋地域」とはどこまでか、との質問に、「地理的概念ではない」と答えた。作戦行動範囲は条約域外の「周辺地域」に無限に拡大する。

さらに、「危機管理」が「基本的安全保障任務」と位置付けられ、「紛争予防に貢献し、危機対応活動を含む危機管理に積極的に関与する」としている("The Alliance's Strategic Concept〈1999〉")。

一九九九年戦略概念は「国際連合憲章に定める紛争の平和的解決を追求する」(第一一項)としている。しかし、オルブライト米国務長官(当時)は作成中の一九九九年戦略概念についての仏紙ル・モンドの質問(二一世紀のNATOは行動するにあたって常に国連安保理の明確な委任を持つべきだろうか?)に、次のように答えた(同紙九八年一二月九日付)。

「ＮＡＴＯと国連が協調して行動できるときはいい。しかし、同盟は、ある作戦にたいしてあれこれの国の拒否権の人質となるわけにはいかない。そういう場合、ＮＡＴＯは国連の単なる下部機構でしかなくなる。ＮＡＴＯの力、それは独自に行動できる能力だ。可能な場合には国連の支持を得るべく努力しつつ、必要な場合には行動できることが、我々にとってはきわめて重要だ」。四カ月後、この言葉はセルビア空爆で、そのまま現実となった。

こうした「危機管理」任務に加えて、中・東欧、旧ソ連諸国との「平和のためのパートナーシップ」（ＰｆＰ）を通じた安全保障協議関係の拡大を根拠に、ＮＡＴＯは「伝統的な軍事同盟というよりも、欧州・大西洋集団安全保障機構に近いもの」に発展している、との主張がある。「パリ憲章」以来追求されてきた「紛争の予防及び解決のためのメカニズム」は、最終的にＮＡＴＯという機構に体現されたことになるのだろうか？　しかし、集団安全保障体制とは、国連がそうであるように、包摂的でなければならない。欧州のそれは明らかに次にみる「欧州安全保障憲章」で合意するにいたったＯＳＣＥだった。むしろ、ＮＡＴＯとＯＳＣＥの矛盾と対立の克服が先送りできないものになってきた、と言える。

**③汎欧州安全保障メカニズム：「欧州安全保障憲章」**

一九九九年一一月、ＯＳＣＥ首脳会議（イスタンブール）は「欧州安全保障憲章」を採択した。イスタンブールに集まった全欧州（参加資格停止中の新ユーゴを除く）と米国、カナダの五四カ国首脳は、ＯＳＣＥを「域内の紛争の平和的解決のための主要機関」と定める憲章に調印した。具体的役割は、「早期警戒、紛争予防、危機管理及び紛争後の復興のための重要手段」と規定された。一九九〇年ＣＳＣＥパリ憲章が「紛争の予防及び解決のためのメカニズムを発展させる」と誓ってから一〇年後の現実だった（CHARTER FOR EUROPEAN SECURITY Istanbul, November 1999, OSCE）。

加盟各国の「権利と原則」は、次のように確定された。

◎「自国の安全保障取極を自由に選択し又は変更できるという各参加国の固有の権利を再確認する。参加国は他国の安全保障を犠牲にして自国の安全保障を強化しない。いかなる国家、国家集団又は組織も、ＯＳＣＥ地域の平和及び安定の維持に関するどのような優越的責任も保有できず、あるいはＯＳＣＥ地域のいかなる部分もその勢力圏とみなすことはできない」。

◎「共通かつ包括的な安全保障の概念に従って関係を構築する。各参加国の安全保障は、他のすべての参加国の安全保障と不可分の関係にある。安全保障の人的、経済的、政治的及び軍事的側面を一体として取り扱う」。

憲章と同時に採択された「協力的安全保障のためのプラットフォーム」は、ＯＳＣＥ地域の各組織の間に「序列階層や恒常的な役割分担」を設けないことを確認し、ＯＳＣＥと協力する機関にＯＳＣＥの基本原則の受け入れを求めている。

他方で、憲章はロシアが強く求めてきたＯＳＣＥの優位性を取り上げず、また条約ではなく政治的拘束力を持つ公約とされた。ユーゴ紛争介入の中で軍事力による強制効果を証明したＮＡＴＯの優先性を当然視する一九九九年戦略概念との緊張関係は明らかだった。

## 2　対テロ戦争での米ロ協調

ＯＳＣＥイスタンブール首脳会議は、米ロ両大統領の激しいやり合いを伴った。クリントンは、エリツィンを指さして、チェチェンで多数の民間人犠牲者を出している無差別攻撃をやめるよう求めた。エリツィンは、ＮＡＴＯのユーゴ空爆を「侵略行動」と非難し、米国と西欧諸国にロシアに説教する資格はないと、こき下ろした。しかし、両国は対テロ戦争という新たな領域での協力を発展させる。

### （1）９・11同時多発テロと米国のアフガニスタン侵攻

ソ連崩壊に際して、ロシア北カフカス地方のチェチェン・イングーシ自治共和国が独立を宣言したが、ロシア連邦はこれを認めず、分離・独立を目指すチェチェン人グループは武装闘争を開始した。一九九六年にはいったん停戦が成立したが、一九九九年九月にモスクワなどで連続テロ事件が発生。ロシア政府はこれをチェチェンの独立武装組織によるものと断定してチェチェンの首都グロズヌイへの無差別爆撃を開始し、「第二次チェチェン戦争」が勃発した。強硬な軍事対応を推進したのが、八月に首相となったばかりのプーチン氏で、年末には引退するエリツィン大統領に指名されて大統領代行となり、翌二〇〇〇年五月の大統領選挙で勝利した。ロシアではその後もテロ事件が繰り返され、二〇〇二年のモスクワの劇場占拠事件、二〇〇四年にはモスクワ地下鉄テロ事件、北オセチアのベスランでの学校占拠事件など、多くの一般市民が犠牲になった。

他方、二〇〇一年九月には米国で9・11同時多発テロが発生、一月に発足したブッシュ米政権は「対テロ世界戦争」を宣言した。一〇月には同時多発テロ事件を引き起こしたテロ組織「アルカーイダ」指導者のウサーマ・ビン・ラーディンを匿《かくま》っているとして、アフガニスタンに侵攻。さらに二〇〇三年三月には、イラクが大量破壊兵器を保持しているとして国連安保理決議のないまま、仏、独などNATOの主要同盟国を含む国際的な反対を無視して、イラクへの侵略戦争を開始した。国際テロ事件はその後も、二〇〇四年のスペイン・マドリード（列車爆破）、二〇〇五年ロンドン（地下鉄・バス爆破）へと拡散した。

プーチン政権は、チェチェン反政府勢力との戦争を、米国と共同できる対テロ戦争と位置付け、NATOのユーゴ空爆非難を横に置き、米国のアフガニスタン作戦を支援し、ウズベキスタン、キルギスタンでの米軍のプレゼンスを受け入れた。

実際、二〇〇〇年にはNATO・ロシア合同常設評議会の定期会合が再開され、国連の授権の下でのコソボ派遣部隊へのロシアの参加を含め、紛争対処、軍備管理、核問題、捜索・救難などが検討された。ロシアはアフガニスタン作戦行動を支援するNATO航空機のロシア上空通過も認めた。

## 「NATO・ロシアの質的に新たな関係」

そうした中で、NATOとロシアは二〇〇二年五月、ローマで首脳会議を開き、共同宣言「NATOとロシア連邦の質的に新たな関係」を発表した。

宣言は冒頭で、「民主主義と協調的安全保障の原則、および欧州・大西洋共同体のすべての国家の安全保障は不可分であるという原則に基づき、欧州・大西洋地域における永続的かつ包摂的な平和を共に構築する」との決意を確認し、最優先の協力課題として国際テロ対策を挙げた。

首脳会議はさらに、「NATO・ロシア理事会」の設立を決定した。一九九七年NATO・ロシア基本議定書で設立された「合同常設理事会」は、単なる連絡機関となり、機能しなかった。新設の「NATO・ロシア理事会」は、国際テロ対策、危機管理、大量破壊兵器の不拡散問題、軍備管理、海難救援などの諸問題に関して、形式的にはNATOの最高政策決定機関とされた（ただし、NATOの集団防衛や拡大問題などの案件はロシアを除いたNATO理事会で決定される）。

半年後、一一月のNATOプラハ首脳会議は、バルト三国とスロバキア、ルーマニア、ブルガリア、スロベニアを加盟対象とする第二次NATO拡大を承認した（二〇〇四年四月加盟）。ロシアは最小限の公式抗議だけで、バルト三国を含む二〇〇二年のNATOの第二次拡大を受け入れた。

ロシアは、二〇〇一年一二月に米政府が行った弾道弾迎撃ミサイル制限（ABM）条約からの一方的離脱通告にも抑制的な反応を示し、また米国提案の戦略兵器制限条約も合意した。戦略核弾頭削減での譲歩、対ロシア貿易規制の撤回、ソ連時代の負債の放棄、経済改革支援、チェチェン戦争批判の停止、などが見返りだった。

ロシアのNATO加盟問題　ソ連とロシアの指導者は、一度ならずNATO加盟の意図を表明している。

プーチン氏は、二〇〇〇年三月の最初の大統領選挙の最中に（当時は大統領代行）英国のBBC放送にロシアのNATO加盟について質問され、「可能性は排除しない。ロシアの利益が考慮され、対等なパートナーであれば」と答えた。「ロシアは欧州文化の一部であり、……我々がしばしば文明世界と呼ぶものから孤立しているとは考えていない」「NATOを敵と想像するのは困難だ」と付け加えている（米紙ワシントン・ポスト二〇〇〇年三月六日付報道）。

また、ロバートソンNATO元事務総長は二〇〇〇年に大統領に就任した際のプーチン氏との会話を明かしている（英紙ガーディアン（二〇二一年一一月四日付）。「プーチン氏は『いつ我々をNATOに招待するのか？』と言った。『我々が招待するのではなく、NATO加盟を申請するのです』と説明すると、プーチンは『我々は重要でない多くの国に歩調を合わせたくない』と言った」。

すでに言及したように、ソ連時代にゴルバチョフ大統領はチェコスロバキア訪問時、その後ベーカー国務長官にもNATO加盟を示唆し、エリツィン・ロシア大統領も繰り返しNATO加盟の可能性を表明している。いずれも、その思惑の根底にあったのは、米国と欧州・大西洋地域の安全保障に関与するという、ソ連時代からその崩壊を経てロシア連邦となってからも変わることのない、大国主義的願望だった。

　歴史を辿れば、スターリンの死去一年後の一九五四年三月に、ソ連政府はNATO加盟の意思を公式に表明している。NATOがその攻撃的な性格を放棄すれば、ソ連は参加を検討するだろう、との英仏米に向けたその声明は、ソ連国内すべての全国紙に掲載された。復興する西ドイツのNATO加盟の動きへの政治的対処だった。再武装した西ドイツがNATOに加盟（一九五五年五月）した五日後、ソ連と東欧諸国は、対抗する軍事同盟ワルシャワ条約機構を結成した。

## （2）ロシアのOSCE批判

　一九九九年OSCEイスタンブール首脳会議では、「欧州安全保障憲章」制定と同時に、もう一つの重要な合意が行われた。それは、一九九〇年のCSCEパリ首脳会議の際にNATOとワルシャワ条約機構（WTO）が結んだ、通常戦力を削減する欧州通常戦力条約（CFE）を、この間の戦略環境の激変（ワルシャワ条約機構の消滅や、ＮＡＴＯ拡大など）に適合させるＣＦＥ適合条約（ＡＣＦＥ）の合意だった。

合意は、元のＣＦＥ参加国間の合意だが、交渉はＯＳＣＥの枠組みで交渉され、通常戦力の不均衡を是正したいロシアの要求がある程度受け入れられていたものの、グルジアとモルドバからのロシア軍撤退がＡＣＦＥ批准の条件だった。以後、この条件を実施しようとしないロシアと、批准条件を圧力としてロシア軍撤退を迫る西側諸国との対立が深刻化する（ロシアは二〇二三年五月に至って、フィンランドとスウェーデンのＮＡＴＯ加盟の動きによりＣＦＥ条約が「最終的に過去の遺物となった」として同条約破棄を決定した）。

## ①最終宣言なしのOSCE閣僚理事会

ＯＳＣＥの活動は「凍結された紛争」――モルドバの沿ドニエストル、グルジアの南オセチアとアブハジア、アゼルバイジャンとアルメニアのナゴルノカラバフ――に焦点が当てられた。ロシアは、ＯＳＣＥが実際の安全保障問題を無視し、人権や選挙を無用に強調して西側の影響力拡大とロシア攻撃の手段となっている、との批判を繰り返した。

二〇〇〇年一一月のＯＳＣＥ外相理事会では、ロシアが議長国オーストリアのまとめた宣言案に反発し、冷戦終結後初めて、最終宣言に合意できなかった。

理事会議長を務めたオーストリア外相は、特にグルジア、モルドバ、ロシア連邦チェチェン共和国の状況について、「見解の相違」を認めた。議長ステートメントは、「攻撃的なナショナリズム、人種差別主義、排外主義、反ユダヤ主義、その他不寛容と暴力につながる過激主義が増加している兆候について、深い懸念を表明した。過去に欧州に大きな苦しみをもたらしたこれらの現象は、ＯＳＣＥが体現する最も基本的な原則と価値観に反し、ＯＳＣＥ地域の平和と安全を危険にさらす」と警告した。

ロシア代表部は以下の声明を発表した。「ＯＳＣＥの活動および一部の参加国における出来事の評価に関連する声明に含まれる命題および結論は、事実関係に即しておらず、ＯＳＣＥ参加国の意見全体を反映していない。ロシア連邦は、声明に含まれるいかなる結論や勧告にも拘束されることはない」。

米国代表団は、「議長ステートメントは、過去の約束や義務を再確認するもので、我々全員の約束であり義務である」と発言。これを議事録に残すよう求めた。

二〇〇一年一二月には在エストニア、在ラトビアＯＳＣＥミッションの撤収が決定された。ロシアは、両国でロシア系住民が市民権、学校教育、就職等の面で差別的な待遇を受けている状況を改善するための重要なミッションであり、その継続を要求していた。エストニア、ラトビア両国政府は、ＯＳＣＥの勧告を受け入れて、市民権付与の条件緩和や欧州基準に従った形で公用語に関する法律を改正し、ＯＳＣＥミッション撤収を強く求めた。ＯＳＣＥミッションの延長には参加国のコンセンサスが必要で、ロシアの求めは受け入れられなかった。

## ②「カラー革命」

この時期、旧ソ連共和国で、いわゆる「カラー革命」による政変が続いた。グルジアの二〇〇三年「バラ革命」、ウクライナの二〇〇四年「オレンジ革命」、キルギスの二〇〇五年「チューリップ革命」などだ。それぞれ、公正さに問題があるとされた選挙結果の受け入れを有権者の多数が拒否し、街頭での抗議行動を拡大し、当初は選挙の勝者とされた指導者の辞任や政府転覆につながった。OSCEの専門機構「民主制度・人権事務所」(ODIHR)はこれらの選挙に(それぞれの政府の招待で)監視団を派遣した。程度の差こそあれ、いずれもODIHRによる「OSCEの誓約とその他の民主的選挙の国際的標準に合致しない」との評価が引き金となった。ロシアは、ODIHRがOSCEとしての承認なくしてその判断を公表することを強く批判した。

二〇〇四年七月、モスクワで行われたCISの旧ソ連邦共和国九カ国大統領の非公式首脳会合は、OSCEによって国家主権、内政不干渉などの基本原則が踏みにじられているとの声明を発表した。続いて九月にはCISの八カ国外相が、OSCEの差別と二重基準を非難する「アスタナ・アピール」を発表した。OSCEの活動において、①人権と選挙が過度に強調され、安全保障を軽視している、②ウィーンの東(旧ソ連各国の国内問題)に焦点を当て、西側参加国の抱える問題は無視している、③EUとNATOという最大ブロックの当面の要求と利益に支配されている、というものだった。

米国と対等の立場に立つことのできるOSCEを欧州の安全保障組織の中心とするという願望を抱き続けるロシアにとって、ほとんどの参加国がNATOとEUを最重要とみなしていることが不満の源だった。

## （3）NATO・ロシア理事会とロシアの不満

OSCEでロシアが不満を高める一方で、NATO・ロシア理事会（NRC）は繰り返し、「相互理解と共同の発展」を確認していた。

二〇〇三年五月のNRC外相会合は、ボスニアとコソボの平和維持活動へのロシア軍部隊派遣の貢献を称えた。ロバートソンNATO事務総長（当時）は、記者会見で、「NATOとロシアの関係がまったく異なる新しい質へと高められている」と高く評価した。一二月のNRC外相会合では、ロシアが、アフガニスタンでのNATO主導の国際治安支援部隊（ISAF）に実際的な支援を提供すると申し出た。二〇〇四年四月の非公式NRC外相会合では、新たにNATOに加盟したバルト三国と、ルーマニア、ブルガリア、スロバキア、スロベニアを歓迎し「二七カ国」形式で会合を開いた（しかし、いわゆるウクライナの「オレンジ革命」と同時期に開催された二〇〇四年一二月のNRC外相理事会では、NATOはロシア周辺の問題に介入しないという「自制の政治的保証の提供」の誓約が議題に取り上げられている）。

その後もNRCでは、テロ防止、テロとの戦いでの協力強化、ロシアによるPfP地位協定署名など、双方の軍隊間の関係強化が議論されている。二〇〇六年七月にはロシア主催のG8サミットがサンクトペテルブルクで開催され、ここでもテロ対策が主要議題となり、直前のプーチン大統領とブッシュ米大統領の首脳会談で発表した核テロリズムと闘うためのグローバル・イニシアティブへの支持が表明された。「国際安全保障」の課題では、イラン核問題への提案、北朝鮮のミサイル発射非難と核兵器放棄および六カ国協議復帰の要求、などが合意されている。

### ①プーチン大統領のミュンヘン演説

こうした中で、プーチン大統領は二〇〇七年二月の「ミュンヘン安全保障会議」で、米国の進める政策を激しく非難した。ロイター通信は「米国は世界支配を求めている、とプーチン」の見出しで、「二〇〇〇年に権力を握って以来七年間でもっとも激しい米国攻撃」と報じた。

プーチン氏は、武力行使に関する唯一の法的基礎である国連の授権なしの「制限のない過剰な武力行使」が、米国の単独行動によって展開されていると主張。西側参加者の発言は、NATOやEUが国連に代わってその権限を持っているかのように聞こえる、と批判した。

また、NATOの拡大は、欧州の安全保障に役立たないだけでなく、相互信頼を低める深刻な挑発行為だと抗議。米国とNATOのすすめるミサイル防衛システム配備計画を非難し、ロシアを対象としたものではないとのNATO側の説明にも耳をかさなかった。

さらに、ＯＳＣＥの国際人権規範の遵守という目的は「他国の内政に干渉することを意味するものではなく、特に他国の生活や発展のあり方を決定するような体制を押し付けることを意味するものではない」と主張。ＯＳＣＥが、特定の国や国家グループの外交利益を促進する「忌まわしい道具に変容させられている」と激しく非難した。

９・11同時多発テロ事件の際、真っ先にブッシュ大統領に電話し、国際テロに対抗する共同を提案するなど、政権発足以来、米欧との関係改善につとめていたプーチン氏の発言だった。米政府は「驚き、失望した」と述べたが、引き続き対テロおよび大量破壊兵器拡散防止などの分野でのモスクワとの協力継続を想定している、と表明した。プーチン演説の急変ぶりは、すでに紹介した一九九四年のＣＳＣＥブダペスト首脳会議でのエリツィン大統領の不満爆発を思い起こさせる。

ＮＡＴＯ拡大を中心に置いた米国主導の欧州安全保障構造の展開に対するロシアの不満に、米国やＮＡＴＯ同盟国の側からの真剣な政策的対応はなかった。逆に、二〇〇八年二月にはロシアの強い反対を退けてコソボの独立宣言がなされ、四月のＮＡＴＯブカレスト首脳会議では、将来におけるグルジアとウクライナのＮＡＴＯ加盟が明らかにされた。

**②コソボ独立とＩＣＪ勧告的意見**

すでに触れたように、セルビア共和国コソボ自治州の独立をめぐる武力衝突は、セルビアがＮＡＴＯの要求を受け入れた後、国連安保理決議一二四四によって、コソボ治安維持部隊（ＫＦＯＲ）と、暫定的行政を担う国連コソボ暫定行政ミッション（ＵＮＭＩＫ）が設立された。

ＵＮＭＩＫの八年の統治の後、人口の九割を占めるアルバニア系住民の独立要求の高まりの中で、国連特使は国際社会の監督下でのコソボの独立案を勧告した。しかし、国内に分離独立に繋がる問題を抱えるロシアは、主権国家セルビアの同意なくその領土の分離を認めることは将来の国際紛争の拡大につながると、コソボ独立に強く反対した。

その後、米・ロ・ＥＵの「トロイカ」が仲介したが、コソボは二〇〇八年二月、一方的独立宣言を行った。米国とＥＵ加盟国は即時承認したが、ＥＵ加盟国でも国内に分離独立の可能性を抱えるスペイン、ギリシャ、キプロスやルーマニア、スロバキアは賛成していない。

国連総会は、コソボ独立宣言に関して二〇〇八年、国際司法裁判所（ＩＣＪ）に勧告的意見を求めた。ＩＣＪは二〇一〇年七月二二日、一〇対四の賛成多数で、「国際法に『独立宣言の禁止』は含まれず、コソボの独立宣言の採択は一般国際法に違反しない」との勧告的意見を公表した（国連広報センター「コソボに関する一方的独立宣言の国際法適合性」〈A/64/881〉）。

コソボ独立を認めるほとんどの国はこの判断を歓迎し、コソボの独立はコソボ紛争を背景とする特異な事例であり、他地域における独立問題の前例とはならないと表明した。反対派は、セルビアの主権を無視して一部領土の分離独立を認めることは、他地域での独立運動の先鋭化だけでなく、近隣諸国の政治的な思惑による他国に対する主権侵害を触発することになる、と警告した。

## ③ロシア・グルジア戦争

二〇〇八年八月七日の午後、グルジアは、分離・独立の動きを強める南オセチアの首都ツヒンバリに対して陸、空軍による大規模な軍事攻撃を行った。ロシアは南オセチアの「自国民保護」を名目に軍隊を派遣した（ロシアは南オセチア住民にロシアのパスポートを配布しており、約九割の住民がロシアパスポートを保有）。

圧倒的なロシア軍の反撃の前に、グルジア軍は五日間の戦闘で敗北し、南オセチア及びアブハジアから撤退、フランスの仲介で休戦となった。ロシアは八月二六日、南オセチアとアブハジアの独立を承認した。プーチン大統領は、欧米がコソボ独立を「特例」として承認したことを前例として、その手続を正当化した。

欧州連合（EU）の委託を受けた独立委員会の調査は、グルジア軍の南オセチア攻撃が紛争の直接の原因だったと認定している（「ウクライナ侵攻、一五年前の警鐘はなぜ無視されたのか　国土の二割を奪われた国の悲劇、ロシアとジョージアの五日間戦争」〈二〇二三年九月四日、共同通信＝太田清〉は、グルジアの攻撃意図に言及している）。

NATO理事会は八月二七日、南オセチアとアブハジアの独立承認を非難し、ロシアにその決定の撤回を要求。同年一二月のNATO外相会議は、「八月のグルジアとの紛争におけるロシアの不均衡な軍事行動を受け、我々はロシアとの関係において通常通りのビジネスはあり得ないと判断した」との声明を発表した。

**NATO首脳会議とNRC首脳会議**　ロシアのグルジアとの戦争突入の背景として、しばしば、二〇〇八年四月のNATOブカレスト首脳会議の決定が指摘される。すでに触れたように、首脳会議共同声明は、「ウクライナとグルジアがNATO加盟国となるであろうことに合意した」と表明した。プーチン大統領のミュンヘンでの警告を無視した決定だった（ブッシュ米大統領は、ウクライナを訪問してユシチェンコ大統領〈当時〉と会談した際、NATO加盟支持を表明していた）。

しかし、首脳会議翌日には、NATO二六カ国首脳にプーチン大統領が加わった最初のNATO・ロシア理事会（NRC）首脳会議が開かれた。議長声明は、「NRC首脳は、二七カ国の対等なパートナーとして、われわれが共有する多面的な安全保障上のリスクに共に対応するための活動を強化することを決議した」と述べている。

議長声明は、NRCが「各国の安全保障が不可分であるという原則に基づき、欧州・大西洋の安全保障を促進するための戦略的要素」だと確認し、アフガニスタンでの平和構築の重要性で合意し、NATO主導のISAF（国際治安支援部隊）への物資のロシア領内陸路通過を促進する仕組みが定義されたことを成果として評価している。

グルジア戦争勃発一年後のNATO首脳会議（二〇〇九年四月、ストラスブール／ケール）では、ロシアによる南オセチアとアブハジアの独立承認の撤回を要求し、「ロシアとの対話と協力は、多くの問題で深い意見の相違に悩まされてきた。引き続きロシアとの関係の進展を見極める」と決定した。

同時に、「ロシアはパートナーとして、また隣人として、我々にとって特に重要である。閣僚レベルを含む正式なNATO・ロシア理事会会合が二〇〇九年夏までにできるだけ早く再開されることを期待する」と表明した。

## (4) OSCE首脳会議宣言「安全保障共同体に向けて」

### ①メドベージェフ構想：新欧州安全保障条約

ロシアのメドベージェフ新大統領は二〇〇八年六月、「欧州・大西洋の主要安全保障組織」の有機的統合を達成しない限り、欧州の問題を解決することはできないとして、とくに武力不行使に関する協定を含む新たな欧州安全保障条約の締結を提案していた（大統領任期の憲法上の制約で、二〇〇八年四月の大統領選挙でプーチン前大統領の指名したメドベージェフ候補が当選、プーチン氏は首相に就任していた）。しかし、NATO加盟国はこの提案を、ロシアの影響力が低下していくことに対するロシアの不満表明であり、欧州の政治的・領土的現状の凍結が目的、と見なした。

OSCEは、イスタンブール以来首脳レベルの会合を開かず、閣僚理事会は二〇〇二年以後、政治宣言に合意できていない。一方、NATOは、旧ワルシャワ条約加盟国全てと旧ソ連のバルト三国に拡大し、バルカン半島の民族紛争に対処し、アフガニスタン、イラクでも対テロ軍事作戦に関与する軍事同盟へと変貌している。EUも同じ地域に拡大し、外交・防衛分野での自律的に行動する能力を拡大した。一九九九年以後の欧州・大西洋地域の安全保障構造をめぐる巨大な変化とロシア・グルジア戦争という武力行使の現実を前にして、ＯＳＣＥ「欧州安全保障憲章」の真価が問われていた。グルジア戦争勃発は、ロシアとの対話の必要性を再認識させた。

メドベージェフ大統領は二〇〇八年一〇月、フランスのエビアン世界政策会議で、欧州・大西洋地域のいかなる国も排除すべきでなく、すべての参加者に共通する安全保障ルールを確立するとして、以下の構想を展開した。

次の三つの原則により、すべての締約国に平等な安全保障を保証する。①いずれの国も、他国の安全を犠牲にして、安全を確保しない、②軍事同盟又は連合によるいかなる行動も、共通の安全保障空間の統一（不可分性）を損なわない、③軍事同盟は、条約の他の締約国を犠牲にして発展させない。いかなる国又は国際機関も欧州の平和と安定の維持に関して排他的権利を持つことはできない。

エビアン会議でフランスのサルコジ大統領はメドベージェフに、「すべての行動主体を対等な立場で結びつける唯一のフォーラムはＯＳＣＥ」であり、ＯＳＣＥ特別首脳会議でロシア提案を議論しようと表明した。

ＮＡＴＯ・ロシア理事会は停止されていたが、ＮＡＴＯ外相理事会は一二月、ＯＳＣＥでのロシアとの安全保障問題での対話の開始を歓迎した。

ＯＳＣＥ議長国フィンランドは、外相理事会の非公式ワーキングランチにＯＳＣＥの外相を招き、

「欧州の安全保障の将来」について意見を交換した。各国外相は、ＯＳＣＥの枠組みで、人権・民主主義分野を含むＯＳＣＥの包括的アプローチに配慮することを条件に、ロシアとの新たな話し合いを歓迎した。

**コルフ・プロセス**　この中で、次期議長国ギリシャが二〇〇九年六月に同国のコルフ島でこの問題を議論する特別閣僚会議を提案した。この特別閣僚会議では、議長国ギリシャが提示した背景文書に基づいて議論が行われた。①ＯＳＣＥ参加国は包括的かつ不可分な安全保障の原則を守る上で、どこで失敗したのか、②ＯＳＣＥの安全保障の三分野すべてにわたる誓約の履行をいかに強化するか、③参加国が取り組むべき課題は何か。

コルフ・プロセスは、包摂的な政治対話の場としてのＯＳＣＥの可能性を示すものだったが、ＯＳＣＥとは別の法的拘束力のある欧州安全保障条約の調印というロシアの提案の核心に触れるものではなかった。一一月のＯＳＣＥアテネ外相理事会では、ロシアと他の参加国のアプローチの違いが浮き彫りになった。クリントン米国務長官は、新たな条約ではなく既存のＯＳＣＥやロシア・ＮＡＴＯ理事会を通じて行うのが最善だと対応した。

**米ロ関係「リセット」**　こうした関係進展の背景には、二〇〇九年一月に発足したオバマ米新政権の対ロシア政策の転換がある。グルジア戦争から半年後、二月の時点で、米政府は、核兵器削減、イラン核開発、アフガニスタンなど緊急課題でのロシアの協力確保の目的で、ロシアとの関係をより協力的な段階に移行させるとして「リセット」（関係再確立）を表明した。

七月にはオバマ大統領がモスクワを訪問して首脳会談を行い、戦略核兵器制限条約の主な要素について合意した。ロシアは首脳会談で、アフガニスタンの米軍と連合軍への兵站《へいたん》の流れを支援する用意があると述べ、軍事装備を搭載した米軍輸送機の上空飛行を許可することを申し出て、米側を驚かせた。米政府は、モスクワが一九九三年から求めてきた世界貿易機関（WTO）加盟の支援を提案（二〇一二年八月加盟）。双方は、安全保障から農業、貿易、科学交流に至る両政府間の作業部会の設置で合意した。

二〇一〇年四月、オバマ大統領とメドベージェフ大統領はプラハで新START（戦略兵器削減条約）に調印した。六月の国連安全保障理事会では、ロシアは米国とともにイランの核開発を規制し、武器禁輸を課す決議に賛成した。両大統領は同月、ワシントンで、貿易・経済関係の拡大に焦点を当てた首脳会談を行った。

しかし、オバマ政権は二〇一一年には「アジア・ピボット（旋回）」を打ち出し、戦略的関心は、世界経済での存在感を背景にアジアでの影響力を急拡大する中国に集中する。また、二〇一二年にはプーチン大統領が復帰し、メドベージェフ政権下で行われた「リセット」の意味はほとんど失われた。

### ②二〇一〇年NATO戦略概念

NATOは二〇一〇年一一月、リスボン首脳会議で新しい戦略概念を採択した。

二〇一〇年戦略概念は、欧州・大西洋地域の「安全保障環境」について、「NATO領域に対する通常攻撃の脅威は低い」とみなし、弾道ミサイルと大量破壊兵器の拡散の脅威、テロリズムを「直接的脅威」と規定。NATOの「中核的任務」を、①集団防衛、②危機管理、③協調的安全保障、と定めた。

ロシアとの関係については、「NATOはロシアにとって脅威ではない。我々はNATOとロシアの真の戦略的パートナーシップを望んでおり、ロシアの互恵的行動を期待しつつ行動する」とし、ミサイル防衛、テロ対策、麻薬対策、海賊対策、より広範な国際安全保障の推進などを協力分野に挙げ、「NATO・ロシア理事会」を最大限活用すると述べている。

一九九九年戦略概念では、OSCEの重要性が繰り返し言及されたが、二〇一〇年戦略概念にはOSCEという言葉そのものが消えている。

NATO首脳会議の際、グルジア戦争後初のNRCが首脳会合の形で再開され、「真の戦略的パートナーシップに向けた協力の新たな段階に着手したことを確認した」との共同声明を発表した。共同声明は、「欧州・大西洋共同体のすべての国家の安全保障は不可分」「他国の主権、領土保全、政治的独立に対する武力による威嚇または武力の行使を行わない」などを強調した。

**③OSCEアスタナ首脳会議宣言「安全保障共同体に向けて」**

こうした関係再開を受けて、OSCEはイスタンブール首脳会議以来一一年ぶりに、参加五六カ国の首脳会合を二〇一〇年一二月にカザフスタンのアスタナで開催した。

首脳会議共同声明「安全保障共同体に向けて」は、OSCEの向かうべき安全保障共同体の内容を次のように確認した（"Astana Commemorative Declaration: Towards a Security Community", Astana 2010, OSCE）。

◎OSCEは、地域において最も包括的かつ包摂的な地域安全保障機関として、開かれた対話を促進し、紛争を予防し、解決し、相互理解を構築し、協力を促進するために、コンセンサスと国家主権の平等に基づいて運営される独特の協議の場を提供し続けている。

◎安全保障の人間的、経済的、環境的、政治的、軍事的側面を一体として扱うOSCEの安全保障に対する包括的かつ協力的なアプローチは、引き続き不可欠である。

◎包括的で協力的かつ不可分の安全保障共同体という構想を完全に実現するために協力する。それは、分断線、紛争、勢力圏、安全保障レベルが異なる地帯のない、すべてのOSCE参加国を結束させるものでなければならない。国家間および国家が加盟する関連組織・機関間の協力が、平等、パートナーシップ協力、包摂性、透明性の原則に導かれるよう努力する。

しかし、この宣言にはEC、カナダ、モルドバ、ルーマニア、チェコがそれぞれの見解を会議記録に残すよう求めた。

ECは、将来の安全保障共同体についての共同構想の「実現のための包括的かつ具体的な行動計画について、いまだ合意がない」ことに遺憾の意を表明。ジョージアとモルドバの主権と領土保全を保証するOSCEの関与を求めた。

モルドバは、宣言が「実質的な政治的宣言も将来を見据えた行動宣言も作成できなかったことは遺憾」と発言。同国の一部である沿ドニエストル紛争をはじめとする「長期にわたる紛争や、同意なしに主権国家の領土に外国軍隊を駐留させ続ける」ことの解決を要求した。

ルーマニアは、「モルドバ共和国、グルジア、ナゴルノ・カラバフ地域が直面する長期化する紛争の解決に進展がない」ことを指摘。「八年間も、ＯＳＣＥ閣僚理事会で政治的宣言が成立しなかったことは、政治的意志の欠如を如実に物語っている」と厳しく批判した。

チェコは、「行動計画は、ＯＳＣＥ参加国間の信頼と信用を回復し続けるための実際的な方法を定めるべきものであったが、その機会は失われた。ＯＳＣＥの妥当性も失われた」と批判。カナダは、「アフガニスタンに起因する脅威に関する関与の強化などの目標があったが、行動計画に合意できなかったことを遺憾に思う」と表明した。

ロシアによるグルジアのアブハジアと南オセチアの独立承認、モルドバの沿ドニエストルからのロシア軍撤退をめぐる対立の解決は一歩も進まず、ロシアの提案した欧州安全保障条約案についての直接の言及もなかった。

## 3　ロシアのクリミア併合とその後

二〇一四年のウクライナ政治危機は、政権交代、ロシアの介入を伴うクリミアのロシア併合、ウクライナ中央政府と東部での分離を求める反政府勢力との武力紛争を引き起こした。二度の停戦合意後も武力衝突は続き、二〇二二年二月のロシアによるウクライナ侵略に至る。

### (1)　OSCEの可能性

クリミアをめぐる同じ危機は、一九九一年一二月のソ連崩壊の直後にも発生している。それは、ソ連崩壊が不可避となり、クリミア人口の約七〇パーセントを占めるロシア系住民が、突然、自らが新たな独立国ウクライナの中の少数派となることに気づいたところから始まる。住民投票で、投票者の九三パーセントがロシアに帰属することを支持した。一九九四年一月の選挙では、ロシアとの統一を提唱する民族主義者が七三パーセントの得票率でクリミア自治共和国の初代大統領に選出された。

CSCEは、クリミアを焦点とする長期ミッションを設置し、さまざまな形式で当事者間の対話を促進した。最終的に、ウクライナはクリミアをウクライナ国内の自治共和国とする新憲法を採択。ウクライナ議会も自治共和国としてのクリミアを認める新憲法を採択した。紛争の中心問題だった市民権と言語の問題に関する相違は残っていたが、その後ほぼ一〇年間、事態は相対的に静かなままだった。

## ①二〇一四年のウクライナ

二〇一四年の危機は、ＯＳＣＥがそのような対話と交渉を促す暇もなく、一気に深刻化した。西部の民族主義・親米・ＥＵの勢力と、東部のロシア語話者・親ロシア派の間の国を二分する対立は二〇一四年二月、ロシア側が「クーデター」と非難し、ウクライナ政府と欧米が「マイダン（広場）革命」と名付ける流血の政変に行き着く。

二〇〇四年の「オレンジ革命」での逆転敗北から二〇一〇年の大統領選挙で復活・勝利した（東部地域での得票率は八割を超えた）親ロシア派のヤヌコービッチ大統領が、前政権がＥＵと合意した連合協定の中核となるＥＵ自由貿易協定の署名を拒否し、ロシアとの経済協定締結を決定したことが政変の直接の発端だった。根本にはヤヌコービッチ政権の腐敗・強権政治があったのだが、米国務省高官と駐ウクライナ米国大使が背後で、政変に深く関与していたことも明らかになっている。

二〇一四年二月、議会によって解任されたヤヌコービッチ大統領はロシアに逃亡し、臨時政権が発足した。一週間後、国籍不明の親ロシア武装集団がクリミア政府の建物と議会を占拠。三月には親ロシア勢力によるクリミア支配の中でクリミアの地位に関する住民投票が実施され、投票した住民の九七パーセントがウクライナからの分離とロシア連邦帰属に賛成した。プーチン大統領は直ちに、クリミアをロシア連邦に統合する文書に署名、クリミアを併合した。

翌四月には、ウクライナ東部ドンバス（ドネツク、ルハンシク両州）で分離主義勢力が行政施設を占拠する中で、分離・独立に関する住民投票が実施された。五月に独立を宣言したドネツク人民共和国とルガンスク人民共和国に対して、ウクライナ政府は「反テロ」軍事作戦を開始、「内戦」が勃発した。ロシアは、二つの「人民共和国」に重火器を送るだけでなく、決定的時期にはロシア軍が直接参戦した。劣勢となったウクライナ政府は、停戦合意（二〇一四年九月のミンスクⅠと二〇一五年二月のミンスクⅡ）を受け入れた。

〝西部ファシスト勢力のクーデターを受け入れない東部ドンバス地域に対する軍事弾圧に対抗して、独立を宣言せざるを得ず、内戦となった〟という独立派の主張は、ウクライナの労働組合運動や左翼・進歩勢力を深く分裂させた。

当初は平和的だったマイダンの反政府デモが暴徒化した原因として、軍と警察の弾圧とともに、極右政党「スヴォボダ」など極右民族主義勢力の介入があった。広場ではナチス・ドイツ占領軍との戦いに倒れた人々の記念碑も破壊された。ドンバスでは八一パーセントがマイダン運動を支持しないと答えた（二〇一三年一二月の世論調査）。

しかし、「独立運動」に当初から東部地域の広範な民衆の参加があったわけではなく、反マイダンが必然的に「内戦」に発展したということでもない。二〇一四年二月以前のロシア正教会防衛とドンバスのロシアへの編入を求めるデモはごく小さなものだった。ロシアの関与なしには、「マイダン革命」に対するドンバス地方住民の不信が「内戦」に発展することはなかった。

革命か、クーデターか。ロシアによる軍事介入か、米ロ帝国主義の代理戦争か。左翼・進歩勢力の多くは、極右の民族主義の主張を批判しつつ、ヤヌコービッチ政府の強権政治に反対して社会的公正の要求を掲げてマイダン運動に加わっていた。その後の東部の内戦に対しては、ロシアの責任を指摘しつつ、排他的な民族主義に反対してドンバスとクリミアの平和的再統合を主張した。

ウクライナ政府は、分離主義勢力の軍事組織の解体とロシア軍の撤退、ウクライナによる国境管理再開の後、ＯＳＣＥ監視下での地方選挙実施を主張した。東部二州の分離主義勢力は、彼らが州の公式代表者となり、軍事組織を維持し、ロシア国境を管理することを要求した。停戦合意はなされたが、戦闘は継続し、二〇二二年二月のロシア侵攻前までの八年間で、一万三〇〇〇人以上の死者と二〇〇万人近い難民が生まれた。

## ②ＯＳＣＥの関与

先に触れたように、ＣＳＣＥ／ＯＳＣＥは、一九九一年のクリミア危機の平和的解決に大きな役割を果たしただけでなく、ソ連崩壊以来ウクライナの紛争管理に積極的に関与してきた。しかし、二〇一四年の危機は大きく異なっていた。

なにより、ＯＳＣＥの二〇一三年の議長国はウクライナだった。二〇一三年一二月初めにキエフでＯＳＣＥ閣僚理事会が開かれたとき、キエフ市庁舎は反政府デモ隊に占拠され、ウクライナの警察や治安部隊による反政府デモへの強権的対応が発生していた。翌年一月には、ウクライナ議会が「反デモ法」を可決し、反政府行動はウクライナ西部の地方政府事務所を襲撃し始めた。

ＯＳＣＥ議長国を務めたヤヌコービッチ政権が実質的に自らの内部危機をＯＳＣＥの議題から除外したことが、ＯＳＣＥの早期対処を困難にした。ＯＳＣＥが関与するようになったのは、二〇一四年になって議長国がスイスに代わり、危機が頂点に達してからだった。議長国スイスの対策本部責任者が、次のように一年間のＯＳＣＥの奮闘を記録している（OSCE Yearbook 2014）。

一月、ウクライナ首相と会談し、政府と野党の対話を促進するために、中長期的に可能なさまざまな活動を提案した。二月中旬、逮捕された二三四人のデモ参加者全員が釈放され、キエフ市庁舎やその他の地方の公共施設の占拠は解除された。スイスは、引き渡し式の保証人と立会人を務めた。

スイスはＯＳＣＥ議長国として、ウクライナ外相代理との電話会談で、公平な国際的仲介者の指名、暴力事件と人権侵害に関する事実を立証する国際専門家チームの派遣など、暴力を終わらせ、政治協議を復活させるための一連の措置を提案した。ＯＳＣＥの少数民族高等弁務官（ＨＣＮＭ）は三月初めにクリミアを訪問。クリミアの議会、行政、市民社会の代表者と幅広く会談した。スイスはまた、国連安保理で現地の事態を報告し、ウクライナ危機に関する国際調停グループの設置を提案した。

ＯＳＣＥ常任理事会は「ウクライナ特別監視団」（ＳＭＭ）の設置をコンセンサスで決定。治安情勢に関する情報収集と報告、事件発生時の事実確認、緊張を緩和し情勢の正常化を促進するための現地での接触と対話の促進などを任務とした。二〇一四年末までに、三五八人の監視員が派遣された。ウクライナ危機におけるOSCEの関与は、対話の場として、また活動的対応機関としてのOSCEの役割を実証した。

議長国スイスは迅速に対応したが、すでに効果的な予防措置には遅すぎ、OSCEに残っていたのは、武力が行使された後の進行中の危機を管理する任務だけだった。紛争の解決に柔軟に対応するOSCEの能力は示されたが、軍事力の早期使用が新たな「現場の事実」を生み出した後になってのことだった。武力紛争の一線が越えられた後にとられる紛争解決のための行動は、予防措置よりもはるかに困難だった。

## (2) ロシアの選択

ロシアのプーチン大統領は、クリミア併合の理由について、一九五四年のロシアからウクライナへのクリミア割譲の違法性、クリミアのロシア系住民への脅威、ウクライナの暫定政権は違法でクリミアの住民投票を禁止する権限はない、などと主張した。ロシア黒海艦隊の母港クリミアのセバストポリ海軍基地確保への深刻な懸念(駐留期限の長期延長を認めていたヤヌコービッチ政権は崩壊)やウクライナのNATO加盟の可能性も理由とされている。プーチン氏は一年後に、ウクライナ併合の際に起こりうる欧米との紛争も想定して核兵器の使用準備まで検討した、と語った。

こうした主張とともに、クリミア併合のより直接的なきっかけは、NATO諸国によるコソボの一方的独立（二〇〇八年二月）の承認だった。すでに触れたように、欧米諸国はロシアの強い反対にもかかわらず、コソボ独立を「特別のケース」として承認し、その後、国際司法裁判所の勧告的意見も、一方的独立は国際法違反ではない、とした。ロシアは、国家主権を無視して一部領土の分離独立を認めることは、別の地域での主権侵害を触発することになる、と警告した。ロシアは、クリミアでもドンバスでも、自らが非難したものと同じ論理で、ウクライナの主権侵害を、国境の向こうに存在する少数派同胞の苦難の救済として正当化した。

ロシアが到達した新たな認識と選択は、〝安全保障に関わるロシアの重大な国益を保証できるような欧州安全保障機構の可能性はない〟ということだった。冷戦後の汎欧州安全保障の構想の展開を辿るという本書の観点からは、ロシアがOSCEの役割を最終的に見限った時点とも言える。

ロシアは一九九〇年代、冷戦後のCSCE／OSCEによる欧州安全保障構想に、むしろ「攻勢的」に関わってきた（一九九〇年CSCE「パリ憲章」から一九九九年OSCE「欧州安全保障憲章」へ）。並行して展開されたNATO拡大をめぐる米国との様々な取引きにも概《おおむ》ね肯定的に対応している（一九九七年NATO・ロシア「基本議定書」、二〇〇二年共同宣言「NATOとロシア連邦の質的に新たな関係」とNATO・ロシア理事会設置）。

しかし、特に一九九九年のイスタンブール首脳会議以降、誓約したモルドバ、グルジアからのロシア軍撤退の実施を迫るＯＳＣＥへの批判を強め（一年後のＯＳＣＥ外相理事会は初めて、ロシアの反対で最終宣言に合意できず）、二〇〇八年にはＯＳＣＥに代わる「欧州安全保障条約」を提案――「欧州・大西洋の主要安全保障組織」の有機的統合を達成しない限り、欧州の問題を解決することはできないと主張――するなど、ＯＳＣＥの役割を見限る姿勢を示していた。その一方で、ＮＡＴＯ・ロシア理事会を重視し、対テロ戦略の共有を通じた「相互理解と共同の発展」を確認するなど、大国ロシアと米国による共同決定の願望を強めていた。

しかし、ロシアは二〇一四年の時点では、独立を宣言したウクライナ東部二州について、クリミアのように分離・独立を認める（後に併合）のではなく、「特別の地位」を持つ親ロシア州としてウクライナ国内で役割を果たすことを望んでいた。

ウクライナ政府側にとって、停戦合意の実施は極めて困難だった。特に、ドネツク、ルハンシク両州に特別の地位を与えるための憲法改正を分離勢力の指導者らとの間で協議・合意することは不可能で、二つの州全域の統治を主張する分離派との隔たりも大きかった。実際、ウクライナは憲法改正ではなく、「分権化」法を可決したが、ロシアは、分離派との交渉がないことを理由に拒否した。

停戦合意を結んだ当時のポロシェンコ政権高官は、「ロシアに銃口を突き付けられる中で署名した」もので、ミンスク停戦合意が履行されれば国家の破壊となると表明していた。ポロシェンコ大統領自身、実施する意思はなかったといい、停戦合意を仲介したドイツのメルケル前首相も、ロシアのウクライナ侵略の後にだが、ミンスク合意はウクライナが防衛力を強化する「時間を確保する」ものだったと発言している。二〇一九年の大統領選挙で当選したゼレンスキーは、同年一二月にパリでプーチンと会談、分離主義勢力の武装解除、ロシア軍の撤退、ウクライナ政府によるロシア国境の管理回復の後のドンバスでの選挙を主張したが、プーチンは受け入れなかった。

### (3) NATOの対応

NATOはウクライナ危機発生後初の首脳会議(二〇一四年九月、ウェールズ)で、「ロシアによるウクライナへの違法な軍事介入」を非難、ロシアとの「実質的な文民・軍事協力」を停止した。加えて、軍事同盟として「全加盟国の安全保障の確保」を再確認し、各加盟国の国防費を対GDP比二パーセントまで引き上げることを決定した。

その後も、ロシアに隣接するバルト三国やポーランドなどの強い懸念の中で、ロシアに対する抑止態勢の強化をすすめる。二〇一六年七月ワルシャワ首脳会議では、NATO即応部隊(NRF)強化、ポーランドやバルト三国への多国籍大隊の交代配備、NATO東部での演習の強化を決定。二〇一八年一一月のブリュッセル首脳会議では再度、「NATO東部側面における前方プレゼンスを含め、抑止力と防衛態勢を強化する」と決定した。

その一方で、対ロシア関係については、「NATOとロシアのパートナーシップは引き続き戦略的価値を持つ」「ロシアとの協力的で建設的な関係を引き続き熱望する」と述べ、「政治的な意思疎通の回路は開かれている」ことを確認（ウェールズ）。ワルシャワでは、「ＮＡＴＯ・ロシア基本議定書やローマ宣言に反映されているものを含め、国際法や公約の尊重に基づくＮＡＴＯとロシアのパートナーシップが戦略的価値を有することを引き続き確信している」と表明している。

ウクライナは当然ながらＮＡＴＯ加盟を強く求めた。ウクライナ議会は二〇一四年、独立以来の「非同盟」路線を破棄する法案を採択、ポロシェンコ新大統領の署名で発効した。二〇一七年六月には、ＮＡＴＯとの協力・最終的加盟を基本政策とする法案が可決された。大統領は二〇一八年二月、ＮＡＴＯ事務総長に宛てた書簡で正式にＮＡＴＯ加盟を要請。一年後の二〇一九年二月、憲法が改正されてＮＡＴＯ加盟を求める国家意思が書き込まれた。

しかし、ＮＡＴＯはワルシャワ首脳会談の際のポロシェンコ大統領との共同声明で、「ヘルシンキ最終議定書で定められた、外部からの干渉を受けずに自らの将来と外交政策の方針を決定するウクライナの権利」を支持すると表明するが、ＮＡＴＯ加盟問題での明確な対応は回避した。二〇一八年七月のブリュッセル首脳会議に至って初めて、「ウクライナがＮＡＴＯ加盟を再び熱望していることに鑑み、我々はブカレスト〔二〇〇八年四月、「ウクライナとグルジアがＮＡＴＯ加盟国となるであろうことに合意」と声明〕とそれに続く首脳会合での決定を支持する」と表明したが、ウクライナの「改革の更なる進展」を求めていた。

ＮＡＴＯ内部では、ロシアの軍事的脅威の認識とその対処をめぐって、ロシアに近接する加盟国と特別の対ロシア関係を維持するドイツなどとの間で亀裂が生じていた。「ＮＡＴＯ・ロシア基本議定書」（「NATOとロシアは互いを敵対視しない。永続的で包摂的な平和を共に構築する」）から始まったNATOとロシアの新たな関係が、ロシアによるクリミア併合とウクライナ東部への軍事介入という現実の下で維持できるのか、との疑念だった。疑念はまた、プーチン大統領との二〇〇二年五月の合意（共同宣言「NATOとロシア連邦の質的に新たな関係」とNATO・ロシア理事会の設立）、さらには二〇一〇年NATO戦略概念――欧州・大西洋地域は「平和で、NATO領域に対する通常攻撃の脅威は低い」と判断、ロシアとの「相互の信頼、透明性と予見可能性に基づく強固で建設的なパートナーシップが我々の安全保障に最善の貢献」と規定した――にも及んでいた（NATOは二〇二一年ブリュッセル首脳会議で初めて、中国を「ルールに基づく国際秩序と同盟の安全保障に関連する領域に対する体系的な挑戦」と規定するとともに、二〇二二年の首脳会談で新戦略概念の策定を決定した）。

NATOはまた、このウクライナ危機が、「紛争の平和的解決、信頼醸成、安全保障構築を支援する国際的努力、および欧州の安全保障に関する協力と包括的対話のプラットフォームとしてのOSCEの重要性をあらためて浮き彫りにした」と評価した（ワルシャワ）。しかし、一九九一年のクリミア危機の平和的解決で果たしたCSCE（現OSCE）の役割を再現するには時を失していた。

## 4　ロシアのウクライナ侵略

**二つの規範の矛盾**　ロシアは二〇二二年二月二四日、ウクライナ侵略戦争を開始した。ロシアは前年一二月一七日付で、NATO諸国に「安全確保措置に関する協定」案を提示していた。相互に、「他の締約国の安全保障を犠牲にして自国の安全保障を強化しない」（第一条）、「互いに敵対的であるとみなさない」（第三条）、「他の締約国の領域に到達できる陸上配備の中距離及び短距離ミサイルを配備しない」（第五条）ことを求めた。

NATOには、「一九九七年五月二七日までに駐留していた軍隊に加えて、軍隊及び武器を配備しない」（第四条）、「ウクライナ及び他の国の加盟を含むNATOの更なる拡大を慎む」（第六条）、「ウクライナ、東欧、南コーカサス及び中央アジアの国の領域でいかなる軍事活動も行わない」（第七条）ことを約束するよう求めていた。（一九九七年五月二七日とは、「NATO・ロシア基本議定書」調印の日で、NATOはこれを受け二カ月後に、チェコ、ハンガリー、ポーランドへの第一次拡大を決定した）。

ロシアは侵略開始の三週間前の二月一日、要求を一つに集約した。ウクライナ危機の核心は、「いかなる国も他国を犠牲にして自国の安全保障を強化することはできない」とする一九九九年OSCE

「欧州安全保障憲章」を守るかどうかだと、ラブロフ外相がブリンケン米国務長官に通告した。

ラブロフの指摘する規範は確かに「欧州安全保障憲章」に書き込まれているが、その直前の文節は「自国の安全保障取極を自由に選択し又は変更できるという各参加国の固有の権利を再確認する」――要するに、ウクライナを含むあらゆる国のNATO加盟の権利の承認――と定めている。

二つの規範は一九七五年のCSCE「ヘルシンキ最終議定書」で確認されている。「最終議定書」は冒頭で、「欧州における安全保障の不可分性を認識する」とし、国家関係の一〇原則を詳述する中で、すべての参加国は「国際機関に属する権利、属さない権利、同盟条約に属する権利、属さない権利を含む二国間条約または多国間条約の当事者になる権利、中立の権利も有する」と定めている。

その後、一九九〇年「パリ憲章」は、「安全保障は不可分であり、すべての参加国の安全保障はその他すべての国の安全保障と密接に結びついている」と規定。一九九九年「欧州安全保障憲章」はさらに「他国の安全保障を犠牲にしてはならない」と付け加え、二〇一〇年アスタナ宣言「安全保障共同体に向けて」もそれを繰り返した。もう一つの「安全保障取極を自由に選択する権利」も常に、並立する規範として確認されている(OSCEは、以上の四文書を「基本文書」と位置付ける)。

東西ドイツの統一の条件として焦点となったNATOに帰属するかどうかは、ソ連が「最終議定書」で認められたドイツの権利として帰属を受け入れたが、この二つの規範の両立が実際には困難となる可能性が指摘されてきていた。

ヘルシンキ最終議定書の国家間関係原則のもう一対、「人民の平等と自決権」(第八項)と「領土保全の権利」（第四項）の間の矛盾も、民族対立を背景としたユーゴ連邦の崩壊と武力紛争拡大の背景をなした。すでに述べたように、ロシアは、セルビアからのコソボの一方的独立を認めた米欧諸国を批判しながら、国境の向こうに存在する少数派同胞の自決権を持ち出してウクライナの主権侵害を正当化した。プーチン大統領がウクライナ侵略の理由として持ち出したのは、分離したドンバスの二つの「人民共和国」の要請に応えた「集団的自衛権の行使」と、ＮＡＴＯの東方拡大と「ウクライナ極右民族主義者の脅威に対抗する」という「個別的自衛権」とも取れる主張だった。

この二対の規範の緊張関係は、同じ国家間関係一〇原則の第二項「武力不行使」と第五項「紛争の平和的解決」を優先させるほかに、解決はできない。第二項は「いかなる武力による威嚇又は武力の行使も、紛争又は紛争を生ずるおそれのある問題を解決する手段として用いない」とし、第五項は「参加国は、国際の平和及び安全並びに正義を危うくしないような方法で、平和的手段によって参加国間の紛争を解決する」と定めている。

**最も重大かつ直接的脅威**　ＮＡＴＯは、ロシアによるウクライナ侵略開始から四カ月後の首脳会議（マドリード）で、「二〇二二年戦略概念」を採択した。

新戦略概念はまず、「欧州・大西洋地域は平和ではない。同盟国の主権と領土保全に対する攻撃の可能性を否定することはできない」「ロシアは、同盟国の安全保障と欧州・大西洋地域の平和と安定に対する最も重大かつ直接的な脅威である」と規定した。二〇一〇年戦略概念にいう「ＮＡＴＯとロシアの安全保障は相互に絡み合っており、相互の信頼、透明性と予見可能性に基づく強固で建設的なパートナーシップが我々の安全保障に最も貢献することができる」との基本戦略は根本から覆された。NATOの中核的任務をあらためて「抑止と防衛、危機の予防と管理、協調的安全保障」と確認し、中でも「すべての同盟国の主権と領土保全を維持し、いかなる侵略者にも打ち勝つという我々の力と決意を、誰も疑うべきではない」と、集団的防衛組織としての性格が強調された。

「危機や紛争を予測し、予防するための努力を強化する」と「危機の予防と管理」の任務に触れている。しかし、信頼醸成措置、軍縮措置をはじめ、お互いの安全保障措置への不信を克服するうえで、最も効果的なフォーラムとみなされてきたOSCEへの言及は、まったくない。

＊　＊　＊

CSCE／OSCEとNATOをめぐる国際政治の展開のなかで、「紛争の予防及び解決のためのメカニズムを発展させる」という一九九〇年「パリ憲章」の構想の展開を辿ってきた。

結局のところ、NATOとロシアは、さまざまな安全保障機構・制度を通じて対話、政策と利益の調整を試みたが、相手側の戦略意図について十分な予測可能性を手にしたとは確信できなかった。双方ともに、最終的な安全の保障を軍事力による相手の抑止においてきたことが、その根底にある。紛争を平和的に解決する包摂的な平和維持の仕組み（OSCE）が、想定された機能を発揮する機会を得られないまま、ロシアのウクライナ侵略に至った。

本章の冒頭で指摘したように、ウクライナ侵略の責任はあげて、国連憲章と国際法を踏みにじったロシアにある。その上で、考えるべきはNATOが最新の二〇二二年戦略概念でも、ロシアによる「同盟国の主権と領土保全に対する攻撃の可能性を否定することはできない」として抑止力のさらなる強化を決定した上で、「対立を求めず、ロシア連邦に脅威を与えない」と宣言していることだ。それは、軍事同盟の外に置かれた国との「安全保障のジレンマ」を解決できなかったこの間のロシアとの不毛の対立と妥協の継続を意味することにほかならない。

次章では、同じ「戦争の理由」の再生産の懸念が強まっている東アジアでの「大国間競争」について検討する。

# 第Ⅲ章　「大国間競争」と世界の平和秩序

米国はグローバルな権益を持つグローバル・パワーである。他の地域に積極関与するからこそ、その地域でいっそう強くなる。もしある地域が混乱に陥ったり、敵対的な大国に支配されたりすれば、他の地域における我々の利益にも悪影響を及ぼす（バイデン政権二〇二二年国家安全保障戦略）。

この国家安全保障戦略（2022NSS）の記述に言及して、米国議会調査局（CRS）の連邦議員向け文書「防衛入門：地理、戦略、米軍設計」（二〇二三年八月四日）は、以下のような説明を展開している。

世界の人口、資源、経済活動の大部分は、西半球ではなく、他の半球、特にユーラシア大陸に位置している。米国の政策立案者たちは過去数十年間、国家戦略の重要な要素として、ユーラシアにおける地域覇権の出現を防止するという目標を追求してきた。

この目標は、以下の判断を取り入れた地政学と大戦略に関する米国の見方を反映している。すなわち、

◎ユーラシア大陸の人口、資源、経済活動の量を考えれば、ユーラシア大陸の地域覇権は、米国の重要な利益を脅かすことができるほどに大きな力の集中を意味する。

◎ユーラシア諸国は、自らの選択と行動によって地域覇権の出現を完全に防ぐことはできず、

これを確実に行うためには、ユーラシアの外にある一つまたは複数の国からの支援を必要とする可能性がある。

この大戦略、すなわち個々の地域、国、問題に対する戦略を超えた世界規模あるいは地域間レベルの戦略をめぐって、歴代の米政権は武力介入の条件と国際法・国連憲章の関係をどのように位置づけてきたのか？

本章では歴代政権の公式文書でその継続と変化をあとづける。その際、多種多様なホワイトハウスや国務・国防両省などの報告書のうち、歴代政権の戦略を比較しやすい「国家安全保障戦略（NSS）」報告を取り上げる（NSSは、一九八七年のレーガン政権以来の歴代政権が米議会に報告、公表している。以下の「国防長官府戦略文書室」のウェブサイトで閲覧可能 https://history.defense.gov/Historical-Sources/National-Security-Strategy/）。

## 1　米国の国家安全保障戦略——関与と介入の論理

### ①二一世紀の「国家安全保障戦略」

二〇世紀から二一世紀への移行期、ニューヨーク・タイムズ紙その他の米国主要マスコミは、アメリカが帝国であることを否定しつづけてきたそれまでの主張を一変させ、「帝国アメリカ」「帝国支配」などの言葉を用いてアメリカの主導する世界を描きだしていた。一九九九年三月の『ニューヨーク・タイムズ・マガジン』（同紙日曜版別冊）の表紙には、「グローバリゼーション展開のため、アメリカは実際どおりの全能の超大国として行動することをためらってはならない」との大見出しが躍っていた。

「絶頂に至ったアメリカ：帝国か指導国か？」これが、二〇〇一年一月に出版されたヘンリー・キッシンジャー元国務長官の著書“Does America need a Foreign Policy?：Toward a Diplomacy for the 21st Century”の第一章のタイトルだった。

二一世紀幕開けの世界をキッシンジャー氏は、以下のように描き出している。

新たな千年紀の幕開けにあたって合衆国は、これまで最大の帝国さえ比較にならないほどの卓越した地位にある。二〇世紀の最後の一〇年間、アメリカの圧倒的な地位によって、アメリカは国際的安定において欠くことのできない構成要素となった。合衆国はみずからを全世界の民主主義制度の源泉かつ保護者とみなし、ますます自らを諸外国の選挙の公正さを裁くものの立場に置き、米国の基準が満たされない場合に経済制裁やその他の圧力を加えるようになっている。

ソ連崩壊によって唯一の軍事超大国となっただけでなく、旧ユーゴ内戦を通じて、欧州は米国抜きでは周辺地域の軍事作戦も不可能であることが明らかにされ、「ニュー・エコノミー」とさえ形容された米経済の相対的な成長によって、日本・欧州による経済的覇権への懸念も払拭される中から生まれてきた「帝国」認識だった。

このような「帝国」論の展開の中で、二〇〇一年九月一一日の同時テロが発生し、ブッシュ新大統領は対テロ戦争を宣言し、二〇〇二年の「国家安全保障戦略」で先制攻撃戦略を明らかにした。

「全能の超大国アメリカ」から四年後、『ニューヨーク・タイムズ・マガジン』はさらなるアメリカ帝国論を展開した（二〇〇三年一月五日付）。ハーバード大学のマイケル・イグナティエフ教授の論評は、「二一世紀の帝国は、世界がこれまでに見たことのないほどの強大な軍事力によって執行される自由市場、人権および民主主義をまとった地球規模の覇権である」と主張した。

二一世紀におけるアメリカの介入戦略はこのように開始され、以下のように変化した。

**二〇〇二NSS＝ブッシュ政権**（二〇〇一～二〇〇八年）　ブッシュ政権は二〇〇一年の9・11アメリカ同時多発テロを米国に対する戦争とみなし、国際協力の下での警察による法執行ではなく、「対テロ世界戦争」を開始した。NATOも集団的自衛権を発動した。NSSでは繰り返し単独行動、先制攻撃の必要性が強調されている。
◎米国の国益と独自の責任に基づいて必要となれば、単独行動を取る覚悟がある。
◎米国を脅かしているのは、征服者としての国家よりも、破綻《はたん》しつつある国家である。
◎テロリストにとって国家を持たないことが最も強力な保護となっている。このような敵に対しては、従来の抑止の概念は効果を持たない。行動を取らざるを得ない。
◎米国は長年にわたり、国家安全保障に対する十分な脅威に対しては先制攻撃を行う選択肢を保持してきた。脅威が大きいほど、行動を取らないことのリスクは大きく、自衛のために先制攻撃を行う論拠が強まる。米国は必要ならば先制的に行動する。

ＮＳＳとは別に、ブッシュ氏を大統領候補に指名した共和党大会の「二〇〇〇年共和党選挙綱領」は、国連との関係を次のように規定していた。「国際組織は、けっして原則にもとづくアメリカのリーダーシップに代わって任務をはたすことも、それに拒否権を行使することも、できない。国連は軍隊に戦場への出動を命令するようにも、戦場で軍隊を指揮するようにも構想されなかった。米軍は国連の指揮の下に任務につくべきではない」と定めていた。

また、二〇〇五年国家防衛戦略（ＮＤＳ）は求められる米軍の規模と能力を「時間的に重なる複数の軍事作戦において敵を『迅速に打ち破る』ために、二つの離れた戦域に戦力を集中させる能力を持つ」と定めていた。

ブッシュ政権の「対テロ戦争」は、二〇〇一年一〇月にアフガニスタンで、〇三年三月にイラクで開始されたが、テロをなくするどころか、戦争は終わる見通しもないまま続いた。国連憲章も国際法も無視した「単独行動」はアメリカの国際的な孤立をもたらし、世界最強の軍事力にものをいわせた「先制攻撃」でも、現在の世界が直面する問題を解決することはできなかった。

バイデン現大統領がアフガニスタンでの戦争終結を宣言したのは、二〇年後の二〇二一年八月末だった。そのとき、二〇年前に倒したイスラム主義組織タリバンが権力を奪還し、支え続けてきた親米政権と軍はあっけなく崩壊した。ベトナム戦争末期の一九七五年にサイゴンが陥落し、米大使館員らがヘリで脱出した悪名高い出来事の二の舞はない、とバイデン大統領が強調したわずか一カ月後には、全く同様の混迷を極めた土壇場の撤退作戦となった。それが9・11同時多発テロ二〇周年の現実だった（戦争期間はベトナム戦争を超えて米史上最長となった。米ブラウン大学が同年九月に発表した研究報告では、二〇年間の対テロ戦争の費用は八兆ドル、米軍兵士死者七〇五二人。戦争で殺害されたアフガニスタンの兵士と民間人は九〇万人前後に達する）。

二〇〇八年の世界金融危機は、二一世紀とともに始まったブッシュ政権の時代――単独行動と先制攻撃のブッシュ・ドクトリンと、貧困・格差の拡大と金融危機をもたらした新自由主義の路線――の終わりを象徴していた。

二〇〇八年一一月の米大統領選挙の直前に行われた世論調査では、「米国は正しい方向に向かっている」と答えた有権者は七パーセントにすぎず、「変化」を掲げた民主党オバマ候補の圧勝という形で、ブッシュ政権八年間への審判が下された。

**二〇一〇NSS＝第一期オバマ政権**（二〇〇九～二〇一二年）　オバマ大統領は政権発足直後の四月、プラハで「核兵器のない世界」を目指すと演説。七月にはロシアと中国を訪問して次の演説を行った。

◎どの国家も、単独で二一世紀の課題に対処することはできず、また自らの考えに基づいて世界に指図をすることもできない。米国は、各国の国益が一致しない場合にそれぞれが平和的に自国の国益を追求できるような国際制度、……すべての国に明確な権利と責任を与える制度を求めている（二〇〇九年七月七日、ロシア経済学院卒業式、モスクワ）。

◎もっとも切迫した危険は、大国間の競争ではなく、過激派であり、麻薬の密輸業者であり、海賊である。国境を越えた疾病であり、内戦である。これらが二一世紀の脅威だ。どんな国も、一国で二一世紀の挑戦課題に立ち向かうことはできない。米中があらゆる問題で一致するというような幻想は抱いていない。だからこそ対話がいっそう重要となる（二〇〇九年七月二七日、米中戦略経済対話、ワシントン）。

政権発足翌年の二〇一〇NSSは、そうした発言とは異なる調子だった。

◎国家と国益を守るのに必要な場合、単独で行動する権利を保有する。

◎米国は、他国の行動に関わりなく自国民を守り、自国の繁栄を推進する。しかし、共通の課題に立ち向かうための集団行動を促進できる、公正で持続可能な国際秩序に関心を持っている。

◎米国、地域、世界の安全保障の基盤は、依然として米国と同盟国との関係と、同盟国の安全保障にたいする米国の揺るぎない誓約にある。我々は引き続き、強固な同盟によってもたらされる集団安全保障から、相互に恩恵を受けていく。

◎新興諸国との関係を深め、東南アジア諸国連合（ASEAN）、アジア太平洋経済協力会議（APEC）、環太平洋パートナーシップ（TPP）、東アジア首脳会議（EAS）を含む地域の多国間構造において、より重要な役割を果たすよう努める。

◎国家安全保障における核兵器の役割を減らし、NPTと核不拡散義務を遵守している非核保有国に対しては、核兵器を使用しない、あるいは使用の威嚇を行わないという消極的安全保障を拡大する。

◎核兵器が存在する限り、潜在的な敵対勢力を抑止し、米国の同盟国や他の安全保障パートナーに安全保障への米国の誓約を保証するため、安全で確実かつ効果的な核兵器を維持する。

**二〇一五NSS＝第二期オバマ政権**（二〇一三～二〇一六年）　オバマ大統領は二〇一三年九月一〇日、シリア問題に関する国民向けテレビ演説で、「〔米国民の〕何人かは『米国は世界の警察となるべきではない』と書いてきた。この意見に同意する」と述べた。しかし、NSSでは米国の指導力が強調された。

◎侵略への対処、普遍的価値の大義、あるいはアメリカをより安全にする貢献、そのどれにおいてもアメリカの指導力に代わるものはない。

◎米軍は引き続き、前方配備と関与を通じて本土を防衛し、地球規模の対テロ作戦を実施し、同盟国に保障を与え、侵略を抑止する。抑止が失敗した場合、米軍は複数の戦域において侵略を打ち破り、拒絶するために地球規模で戦力を投射する用意がある。

◎我々の永続的利益が求める場合――わが国民に脅威が及んでいる、我々の生活が危機に瀕している、同盟国の安全が危機にさらされている――、必要であれば一方的に軍事力を行使する。

◎守られるべき国際ルールと規範および平和を脅かしている無責任な行為者に代償を科すうえで、的をしぼった経済制裁は依然として有効な手段である。可能なところではどこでも、国連を含む多国間の制裁を追求し、必要な場合は単独で行動する。

二〇一七NSS＝トランプ政権（二〇一七～二〇二〇年）　オバマ前政権までの歴代政権の関与戦略がもたらす米国の負担に対する国民の不満を掬《すく》い上げて、トランプ大統領は次のように代弁してみせる。

◎「日本が攻撃されれば、アメリカは我々の命と財産をかけて日本人を助けるために戦闘に参加する。アメリカが攻撃されても、日本は我々を助ける必要は全くない。米国への攻撃をソニーのテレビでみているだろう」（二〇一九年六月二六日、米FOXテレビ）

◎「ある国の軍事費は（GDP比）一パーセントをはるかに下回る。そして、事が起これば我々が彼らを守ることになっている。まったくフェアではない」（二〇一九年一二月三日、NATO首脳会議で）

トランプ政権の二〇一七NSSは、アメリカ・ファースト（アメリカ優先）の国家安全保障戦略と宣言し、「一九九〇年代以降、米国は戦略的自己満足に陥っていた」と歴代政権を批判。中国とロシアを想定する「大国間競争」の深刻さを強調し、同盟国とパートナー国に、防衛責任の公平な負担を強く求めた。

◎一世紀前の現象として片付けられてきた大国間の競争が復活した。中国とロシアは、再び地域的・世界的に自国の影響力を行使し始めた。……わが国の地政学的優位に異議を唱え、自分たちが有利になるよう国際秩序を変えようとしている。

◎こうした競争は、過去二〇年間の政策――競争相手への関与と、彼らを国際機構と世界通商に包含することが彼らを無害な行動主体かつ信頼できるパートナーに変えるだろうとの想定に基づく政策――を再検討するよう合衆国に要請している。大部分で、この根拠は誤りだということが判明した。

◎我々は潜在的な敵に対し、否定によって――武力その他の侵略的手段で目的を達することは不可能だということを納得させることによって――彼らの行動を抑止する能力を確保しなければならない。我々は同盟国に対し、同様の行動を求める。

◎核抑止戦略は、すべての紛争を防止することはできないものの、核攻撃、非核戦略攻撃、大規模通常兵器攻撃を防止するためには不可欠だ。さらに、三〇カ国以上の同盟国、パートナー国への米国の拡大核抑止は、彼らの安全を確証し、彼ら自身が独自の核能力を保有する必要を低減させることに資する。

しかし、トランプ大統領の振る舞いと既成主流派批判は大いに物議を醸したものの、基本戦略にみるべき変化はなかった。北朝鮮の指導者金正恩との核取引も、最終的に旧来の対北基本要求（完全、検証可能、不可逆的な核・ミサイル計画の放棄）を繰り返すことになり、破綻した。スティーブン・ウォルト（ハーバード大教授）はトランプ政権の二年半を次のように特徴づける。「トランプのツイッターと公式声明は、正統派の主張にしばしば疑問を投げかけるが、米国は依然として裕福なＮＡＴＯ同盟国を擁護し、アフガニスタンで戦い、アフリカ全土のテロリストを追跡し、中東の保護国に無条件の支援を与え、外国政権の転覆を欲している。大統領としてのスタイルは前任者と根本的に異なるが、政策の本質は驚くほど似ている」（『フォーリン・アフェアーズ』二〇一九年五・六月号）。

トランプ政権は、国際秩序に求められるアメリカの一方的負担が過重だという国民の不満を背景にして、歴代の民主・共和両政権で維持されてきた基本路線にあからさまな批判を加え、特に同盟関係に多大な影響をもたらした。

代わって二〇二一年に登場したバイデン現政権による現行の米国国家安全保障戦略（二〇二二NSS）は、後の節で検討する。

## ②冷戦後、一九九〇年代の「国家安全保障戦略」

「冷戦」終結以降の二〇世紀の最後の一〇年の米国の大戦略は、次のようなものだった。

**一九九一NSS**　湾岸戦争直後の一九九一年八月に発表されたジョージ・H・W・ブッシュ政権の国家安全保障戦略はつぎのように、国際情勢と国連の積極的意義に言及している。

◎我々は湾岸危機で、世界の指導的諸国が侵略にたいして協調して集団で制裁を実施し、国連の創始者たちが夢見た役割を国連が果たすのを目撃した。

◎一九二〇年代にわが国は、大きな脅威が崩壊し、それに匹敵するような脅威は他に存在しないと考えて、内向きに転じた。その方針は災厄に近い結果をもたらしたが、今日そのような方針は、いっそう危険である。アメリカは依然として、政治、経済、軍事のあらゆる面で、真に地球規模の力と行動範囲と影響力を持つ唯一の国家である。

一九九四ＮＳＳ　クリントン政権が発足後一年半を経てまとめた国家安全保障戦略「関与と拡大の国家安全保障戦略」は、「米軍使用の決定」について詳述している。

①我々の死活的もしくは生存にかかわる利益、国家の生存、安全、活力にとって明らかに最優先的重要性をもつ利益が危機に瀕している特定の地域では、武力行使は決定的に重要だろうし、必要であれば単独で行われる。

②わが国のもっとも重要な国家的利益が危機に瀕したならば、我々は単独で行動する用意がある。しかし、とくに同盟国の利益に直接かかわる問題については、同盟国側からのつりあいのとれた関与が求められるべきである。

③軍事力を関与させる前に、いくつかの重要な問題を検討する。成功のチャンスをもたらす非軍事的手段を検討したか。どのような種類のアメリカの軍事能力を投入すべきか。我々の政治的目的と密接に調和しているか。……撤退戦略をもっているか。

一九九八ＮＳＳ　クリントン政権は一九九四年以後二〇〇〇年まで毎年国家安全保障戦略を発表しており、この五回目のものは国家利益を三つの範疇《はんちゅう》に分類している。

①死活的：わが国の生存、安全活力にとって広範かつ最優先の重要性の利益が含まれる。これらは、わが国の領土と同盟国の領土の物理的安全保障、わが国市民の安全、わが国の経済的安寧、死活的に重要な社会基盤の防護である。我々は、必要な場合にはわが国の軍事力を単独でかつ断固として使用することを含め、これらの利益を防衛するために必要なことすべてを実行する。

②わが国の国家的生存に影響するわけではないが、わが国の国家的安寧と我々が生きている世界の性格に影響を及ぼす：そのような場合、我々は、費用と危険性が危機にさらされた利益と釣り合う限りにおいて、それら利益を増進するために我々の資源を行使する。

③人道などの利益：一定の状況下では、我々の価値観の要求にしたがって行動するかもしれない。自然災害や人的災害、あるいは人権侵害、民主化と軍にたいする文民統制の支援、持続的発展の支援などがその事例である。

二〇〇〇NSS　「グローバル時代のための国家安全保障戦略」と銘打ったクリントン政権最後のNSS。

◎我々の関与戦略の主な要素は、平和、安定、繁栄を促進する新しい国際システムの構築を支援することである。同盟関係を適応させ、かつての敵対国を含む他の諸国の方向転換を促すことを意味する。

◎紛争管理の手段として、国連には重要な役割がある。国連平和維持活動は、米国による直接介入に代わる非常に効果的な手段となりうる。

## 2　抑止戦略と軍事介入の歴史

歴代政権の「国家安全保障戦略」報告の特徴を見てきた。主要な脅威をどう位置付けるかという点で違いがあるにしても、現在の国際秩序を維持し、国際平和を保障するものは米国の軍事力と軍事同盟がもたらす抑止力であり、米国は自らの判断に基づいて「必要な場合には軍事力を行使する」という基本路線が貫かれていた。

米国は、そのような基本戦略の下で、歴史の現実として、どのように世界に介入してきたのか。米議会調査局（CRS）は、米国の軍事介入を列挙したリストを公表している。本書執筆時点での最新版は二〇二三年六月公表の〝Instances of Use of United States Armed Forces Abroad（1798～2023）〟で、一七九八～一八〇〇年の対フランス海戦にはじまり、二〇二三年四月二二日のスーダンのハルツームの米国大使館から約一〇〇人の米国市民を避難させた作戦までが列挙されている。リストは、「米国が海外で、米国市民の保護あるいは米国の利益促進のために、軍事衝突あるいは衝突が起こりうる状況下で軍事力を行使した事例」であり、秘密作戦や当事国の合意の上での駐留や演習は含まれない。また、「9・11に対応した対テロ戦争」という具合に、多くの作戦が一つにまとめられているなど、記述されている事例を数えれば、実態がわかるわけでもない。

**①軍事介入プロジェクト（MIP）**

その点で、米国タフツ大学フレッチャースクール戦略研究所（CSS）の「軍事介入プロジェクト（MIP）」は、CRS資料を基礎としながら、米国の軍事介入の烈度を①軍事行動なし、②武力による威嚇、③武力の誇示、④武力の行使、⑤戦争、と区分して実態を分析したデータをまとめている（二〇一九年まで網羅。図3）。その成果を踏まえた『剣に滅びる――米国外交政策の軍事化』（"Dying by the Sword -The Militarization of US Foreign Policy", Monica Duffy Toft and Sidita Kushi, Oxford University Press）が二〇二三年に出版された。以下、同書に依拠しながら米国の軍事介入の実態を振り返る。

MIPデータは、一九七四年以来、米国が新たな軍事介入を開始しなかった年はないことを明らかにしている。米国史上の軍事介入事例は三九二件（米国建国時の西部国境戦争、近年のドローン戦争は含まない）、その過半数が第二次世界大戦後で、さらにそのうちの二九パーセントが冷戦後に実施されたより軍事力行使烈度の大きい介入である。

この軍事介入のうち五二パーセントは武力の誇示のレベルだが、四一パーセントは直接的な武力の行使だ。介入の中でも武力行使の割合は拡大している。「9・11」以降、武力による威嚇はなく、武力行使が圧倒的に多い。二〇〇〇年以降だけでも、米国は介入烈度四（武力行使）または五（戦争）

図３　1776年以来の米国の敵対度合い別の軍事介入回数

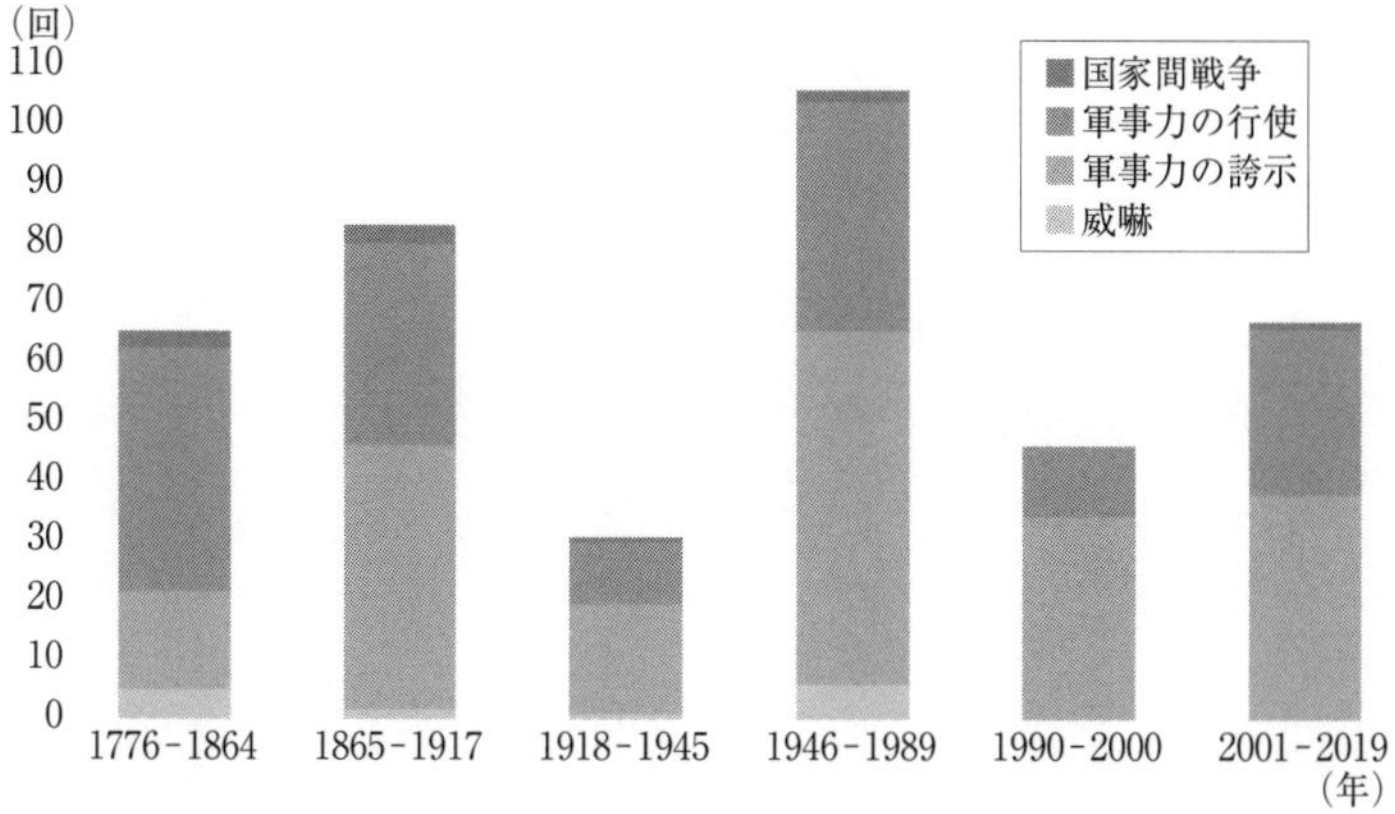


出所：Dying by the Sword

の介入を三〇回も行っている。冷戦後、大国間の紛争や米国の重要利益に関わる介入は少ないが、米国の軍事介入は高い割合で続き、敵対行為も増えている。

## ②二〇〇一年以後の介入パターン

「9・11」後の世界は、米国一極の世界とはまったく異なる様相を呈していた。二〇〇一年以前、米国は頻繁に国際的な問題に関与していたが、多くは民主化、人権促進、経済拡大という範囲であった。

「9・11」以降、米国の外交政策は、漠然としたグローバルな敵＝テロリストに対する予防的軍事攻撃にシフトした。米国の軍事介入は、「9・11」以降、特に二〇〇二年と二〇〇三年に世界各地で増加した。介入のほとんどは中東、北アフリカ、サハラ以南のアフリカで起こった。

米国が介入した回数は、「9・11」前の一〇年間が四六回だったのに対し、二〇〇一～二〇一九年の一九年間では六六回で、一年当たりの介入回数は、「9・11」以降の時代の方が少ない。米国が無人偵察機による戦争や、透明性が低く追跡が困難な小規模で非従来型の作戦に依存したため、データ化が困難になっているためだ。米国は低レベルの利害が絡む場合に介入頻度が高くなり、逆に重要な利害が絡むと介入頻度は大幅に低下する。こうしたパターンは慎重かつ合理的な外交政策、武力行使戦略をもたらすことにはならない。

「9・11」以降の世界では、米国は標的国の主要都市を占領して、迅速な軍事的勝利を得たが、そうした伝統的な軍事的勝利はテロ対策としての究極的勝利には結びつかなかった。米国は新しい政府の樹立に成功したが、現地住民の心をつかむことには失敗し、逆に長期的な安全保障上の脅威を増幅させた。

敵対のレベルを軍事介入の烈度と同じく、①軍事行動なし、②武力による威嚇、③武力の誇示、④武力の行使、⑤国家間戦争、と規定して標的国と米国との敵対レベルを比較すると、特に対テロ戦争をすすめた二〇〇一年から二〇〇八年にかけて、標的国がほぼ半数の事例で①の軍事行動なしだったのに対し、米国は事例の大半で、航空攻撃および核の威嚇で対応している。米国は二〇〇九年から二〇一五年までのオバマ政権時には敵対レベルを抑制したが、無人機使用の武力行使が通常の軍事手段に取って代わっていた。

The Bureau of Investigative Journalism の無人機攻撃に関するデータベース（二〇二二年六月現在資料）には、二〇〇二年一月以降、米軍による少なくとも一万四〇四一回の攻撃が確認され、八八五八～一万六六九〇一人の殺害が確認されている。このうち約九一〇人から二二〇〇人が民間人の死者で、二八三人から四五四人が子どもだった。トランプ政権の下で、無人機プログラムはその秘密性を倍増させた。無人機攻撃の大多数は二〇一五年以降、アフガニスタンで実施された。二〇一五年から二〇二〇年までに合計一万四〇八一回の無人機攻撃が行われ、一五〇人の子どもを含む約七〇〇〇人が殺害された。

## 3　グローバル秩序の確立と世界分割

先に紹介したイグナティエフ教授は米海軍大学の『レビュー』（二〇〇三年春季号）で、「米国は、グローバルな秩序を確立するという意味で、帝国である。……アメリカの力の地球規模での投射の役割を理解することなしに、グローバル秩序を理解することはできない」と宣言している。そして、米国防総省が地域別統合軍の「責任区域」として世界を分割している地図こそ「グローバル秩序全体を支える設計理念」だと主張している。

米国国防総省は現在、地理的「責任区域」（ＡＯＲ）として世界を六つに分割する（図４）。

◎アフリカ軍：サハラ以南のアフリカを担当。

## 図４　米軍の配備状況

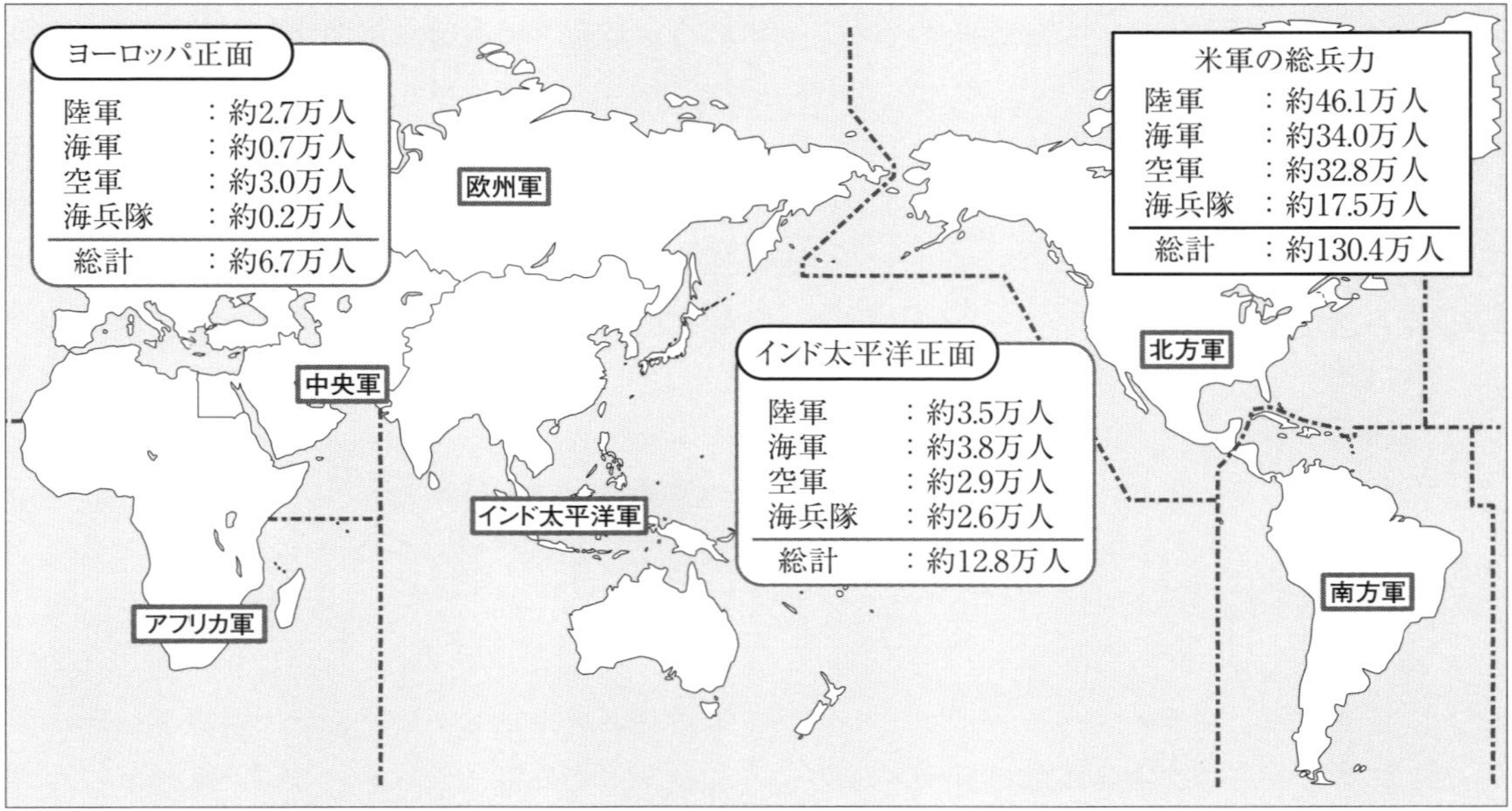


（注）　1　資料は、米国防省公刊資料（2022年９月30日）などによる。
　　　　2　インド太平洋正面の配備兵力数には、ハワイ・グアムへの配備兵力を含む。
出所：令和５年版防衛白書から作成

◎欧州軍：欧州全域、中央アジアの大部分、中東の一部、北極海と大西洋。
◎中央軍は中東の大部分、アフリカ北部と西アジアの一部、インド洋の一部。
◎北方軍は、米国本土の防衛とカナダ、メキシコとの安全保障・軍事関係の調整。
◎南方軍：中米、南米、カリブ海地域。
◎インド太平洋軍：太平洋、南西アジア、オーストラリア、南アジア、インド洋の一部、アラスカは米北方軍と分担。
◎統合軍に宇宙戦闘力を提供する「宇宙コマンド」が、地域統合軍に含まれる。
米軍はさらに、四つの「機能別」統合軍を構成する。
◎戦略軍：米国とその同盟国への攻撃を抑止し、米国の戦略的戦力の使用を指揮する。
◎特殊作戦軍：国家や非国家主体に対する永続的で、ネットワーク化され、分散化された作戦を支援する統合軍の一部として世界規模の特殊作戦と活動を実施するために、全面的な能力を持つ特殊作戦部隊を開発、運用している。
◎輸送軍は、国防総省のさまざまな部門に航空、陸上、海上輸送を提供する。
◎サイバー軍は、国内外のパートナーと協力して国益を防衛・増進するために、サイバー空間の計画と作戦を指揮し、同期化し、調整する。
こうして世界を米軍「責任区域」で区分するのだが、米国防総省は二〇一八会計年度以降、在外米軍基地のリストの公表を従来まで以上に限定している。例えば、「二〇二三会計年度基地構造報告」

(Base Structure Report FY 2023)は、米軍基地の数として米国本土六三一二、米国海外領土一五九、海外五一一、合計六九八二という数字を示しているが、明示されている海外の基地名は三九カ国、三八六基地でしかない。

米国の民間研究所「クインシー研究所」と「ワールド・ビヨンド・ウォー」が二〇二一年九月に公表した報告書は、以下の数字を明らかにしている（"Drawdown: Improving U.S. and Global Security Through Military Base Closures Abroad", QUINCY BRIEF NO. 16）。

◎海外米軍基地は八〇の国と海外領土に約七五〇。
◎基地の数は冷戦終結時の約半分だが、基地を置く国および海外領土の数は同時期に四〇から八〇に拡大し、それは中東、東アジア、欧州の一部、アフリカに集中した。
◎米国は、他のすべての国の合計の少なくとも三倍の海外基地を持っている。
◎海外にある米軍基地には、毎年五五〇億ドルの税金を投入している。
◎海外の軍事インフラの建設のために、二〇〇〇年以降七〇〇億ドル以上を投入している。
◎海外の基地は、二〇〇一年以降、少なくとも二五カ国での戦争やその他の戦闘作戦の開始に使用された。

この報告書によれば、最大の米軍基地を抱えるのは日本とドイツで、いずれも一一九基地、三位が韓国七六、四位イタリア四四、五位イギリス二五と、国防総省報告を大きく上回る。米軍基地を置くアフリカの国の数では、国防総省報告の三カ国が一三カ国に、中東地域について国防総省報告の四カ国・二〇基地（サウジアラビアの名はない）が、七カ国・五一基地（すべて網羅されているわけではないとしつつ）となっている。

二〇二二年九月現在、一七八カ国に米軍現役兵士一七万一七三六人が配備されている。多い順に、日本五万三九七三人、ドイツ三万五七八一人、韓国二万五三七二人、イタリア一万二四三二人、イギリス九八四〇人、バーレーン三六九八人、スペイン三一六四人などとなっている（「シカゴ・グローバル問題評議会」のウェブサイト「bluemarble」二〇二三年一二月一八日付）。

本章冒頭で引用した議会調査局の報告は、米軍の戦略と戦力の特徴を次のように説明している。

ユーラシア大陸における地域覇権国の出現を防ぐという目標は、米軍が米国本土から展開し、広範な海域と空域を横断し、ユーラシア大陸またはユーラシア大陸周辺の海域と空域に到着後、持続的で大規模な軍事作戦の実施を可能にする戦力要素で構成されている主な理由である。この目的に関連する戦力要素には、特に以下が含まれる。

◎相当数の長距離爆撃機、長距離偵察機、空中給油機を有する空軍。

◎相当数の空母、原子力推進攻撃型潜水艦、大型水上戦闘艦、大型水陸両用艦、および洋上補給艦を有する海軍。

◎相当数の長距離空輸空軍機と、陸上部隊の兵士と装備品・物資を長距離で迅速に輸送するための軍事海上輸送司令部（Military Sealift Command）の海上輸送船。

ユーラシア大陸、またはユーラシア大陸を囲む海や空域で持続的かつ大規模な軍事作戦を実施できるという目標に基づき、米国はヨーロッパ、インド太平洋、ペルシャ湾の前線基地にも相当数の兵力と物資を駐留させている。

## 4 大国間競争とユーラシアの覇権

米国は、大戦略の重要な要素として、ユーラシア大陸の一部または他の地域における地域覇権国の出現を阻止するという目標を引き続き含めるべきか？ そうでないとすれば、米国はどのような大戦略を追求すべきなのか？ それが、二〇二四年の米連邦議会で議論されるべき重要議題だと米議会調査局報告は指摘している（「大国間競争：国防への影響――議会の課題」二〇二四年一月一〇日付）。

### ①大国間競争と覇権

中国およびロシアを対象とする「大国間競争」（グレート・パワー・コンペティション＝GPC）の出現で、大戦略と地政学が再び重視される、米国の国防予算、戦略、計画、構想を議論する出発点となっている。

報告書は、「米国は過去数十年間、国家戦略の重要な要素として、ユーラシア大陸における地域覇権国の出現を阻止するという目標を追求してきた。政府当局者がユーラシア大陸における地域覇権国の台頭を阻止するという目標を公の場で明言することはあまりないが、ここ数十年の米国の軍事作戦は、戦時作戦も平時の作戦も、少なからずこの目標を支持して実施されてきた」と繰り返している。

その上で、この大戦略の妥当性は、ポスト冷戦期の始まる一九九二年にブッシュ政権で検討されていたことを紹介している。ロシアや中国などの大国に勢力圏を認めることで、より大きな「平和の配当」（米国優位の国際秩序を維持したままでの軍事費削減の可能性）を確保し、それを国内優先課題に支出するという構想が国防総省で真剣に検討されていたという。

最終的には、冷戦時代の二極化の世界、あるいは二度の世界大戦前の多極化した世界の出現を防ぐことの方が大きな利益がある、との結論に達した。当時のチェイニー国防長官が、米国の目的は、敵対的な大国が「重要地域」を支配して世界規模の挑戦の基礎となる資源・産業・人口を手にするのを阻止することだと決定。それがポスト冷戦期を通じて、米国の国防政策の指針となった。

世界を思い通りに分割・配分できるとする「帝国アメリカ」と評された時代のあからさまな意識と行動だが、実際、米国は当時、軍事・経済での圧倒的優位に立つ「唯一の超大国」だった。

ユーラシア西方の覇権の動向は前章でたどった。現在、ウクライナの西の欧州は、モルドバ、オーストリア、スイス、アイルランドの中立国とバルカン半島の一部を除き、すべての国がNATO軍事同盟に加盟する（二〇二四年三月現在三二カ国）。安全保障政策に関してNATOとほぼ一体となった欧州連合（EU、二七カ国）を考慮に入れれば、ロシアに対抗する欧州の軍事ブロックは圧倒的だ。

しかし、ロシアのウクライナ侵略戦争は三年目に入っても、戦争そのものの行方も、ウクライナ、ひいてはロシア周辺諸国の領土保全と安全保障の展望も不確かなままだ。バイデン政権が国家安全保障戦略の国家防衛に対する考え方を示すものとして二〇二二年一〇月に公表した「国家防衛戦略」(二〇二二NDS)は、ロシアを抑止するために多くの措置が必要だと強調している。

米国、NATO加盟国、その他の同盟国に対するロシアの攻撃を抑止することに重点を置き、核兵器の使用にエスカレートする可能性のあるあらゆる規模の通常型の侵略への対処を含む、条約上の誓約を強化する。同盟国やパートナーと協力し、拒否〔による抑止〕能力を近代化し……拡大核抑止力を強化する。NATO同盟国が通常戦能力を強化しつつ、NATOの戦力計画における拒否能力と実現手段を強化することに重点を置く。ロシアと国境を接する同盟国やパートナー諸国に対して、コスト賦課〔による抑止〕を可能にする対応手段の構築努力を支援する。

ユーラシアの東方での覇権出現の阻止はもちろん、中国の台頭を規制する政策として展開されている。トランプ政権時代に浮上した包括的な政策としての「自由で開かれたインド太平洋」(FOIP)はバイデン政権下でも継続している。

バイデン政権の二〇二二NDSは以下の方向を主張している。

◎日米同盟を近代化し、戦略的計画と優先順位をより統合的に調整することで統合能力を強化する。オーストラリアとの同盟関係を、態勢、相互運用性、多国間協力の拡大への投資を通じて深化させ、AUKUS〔豪英米三国安全保障パートナーシップ〕やインド太平洋QUAD〔日米豪印戦略対話〕などのパートナーシップによる先進技術協力を通じて優位性を育む。韓国と協力し、同盟国の統合防衛を主導するため、韓国の防衛力を引き続き向上させる。
◎インドとの主要防衛パートナーシップを推進し、中国の侵略を抑止する能力を強化し、インド洋地域への自由で開かれたアクセスを確保する。
◎地域の安全保障問題への対処における東南アジア諸国連合の役割を促進することを含め、地域の安全保障上の課題に対する多国間アプローチを活性化させる。
ユーラシア西方の多国間軍事同盟NATOに依拠した対処とは異なり、既存の二国間軍事同盟を強化しつつ、それに加えて米国中心の二国・多国間の取り決めに「志を同じくする国」を取り込む多層のブロック構造とすることが構想されている。バイデン政権は、新たな同盟・ブロック戦略を米国を中心に各国と二国間軍事同盟を結ぶというこれまでの「ハブ・スポーク」体制とは別のものとして、「格子状（latticework）関係」と名付けた。

しかし、この戦略は、根本的な矛盾を抱えている。こうした軍事ブロックが構成できたとしても、米国は、遠く離れた中国の沿岸の近くで戦い勝利する必要がある一方、中国は、台湾と周辺海域のすべてが中国の防空圏内にあるという巨大な自然の優位性を持っている。中国を抑止するために戦力を高度化し、中国の攻撃を避けようとして拡散し、軍事力の優位を示そうとしても、中国が軍事力拡大で対応することは明白だ。他のアジア諸国は、北京との問題を抱えながらも、中国を孤立させることで問題を解決しようという国家戦略は持っていない。

米国議会の懸念はさらに深い、と議会調査局報告は指摘する。米軍は現在、同時または重複する二つの主要な紛争に対応できるような規模になっていない。太平洋地域での中国の侵略抑止のために海軍戦力を欧州から引き抜いた場合、欧州における海軍の作戦能力はどうなるのか。

トランプ政権は、二〇一八年国家防衛戦略とそれに続く声明で、一つの大きな紛争と二つ目の紛争の「抑止」（打ち負かすのではなく）という、これまでとは異なる戦力計画基準を示した。二〇二二年五月一二日の米上院軍事委員会の公聴会でギルデイ米海軍作戦部長（当時）は、「現行の戦力は、二つの紛争を同時に処理できる規模ではない。一つを戦い、もう一つの敵を牽制し続けるための規模だ。二つの全面的な紛争に対応できる規模ではない」と答えた。バイデン政権の二〇二二年国家防衛戦略には、戦力計画基準に関して明確な記述はない。

「GPCの出現それ自体で、ユーラシア地域における覇権国の出現を阻止するという米国の目標が米国防衛の指針として妥当でないとはいえない」と、議会調査局報告はその自問自答をまとめているが、意味するところは軍事予算のさらなる拡大の議論に向かうことになる。

## ②バイデン政権の国家安全保障戦略

すでに、部分的に言及したが、バイデン現政権が二〇二二年一〇月公表した「国家安全保障戦略」（二〇二二NSS）の焦点は、「大国間競争」（GPC）と、それに対処する「統合抑止」戦略とされる。次のような認識を明らかにしている。

◎中国は、自国に有利なように国際秩序を再編成する意図を抱き、その能力を高めている。ロシアによる隣国ウクライナに対する残忍で理不尽な戦争は、欧州の平和を打ち砕き、あらゆる地域の安定に影響を及ぼしている。独裁者たちは、民主主義を弱体化させ、国内では抑圧を、国外では強要を特徴とする統治モデルの輸出に、全力を挙げている。

◎我々は二つの道のアプローチを追求する。一つは、地政学的な競争相手を含め、共通の課題に取り組むために我々と建設的に協働しようとするいかなる国とも協力する。もう一方の道では、民主主義国家や他の志を同じくする国々と協力を深めていく。QUAD、AUKUSからI2U2（インド、イスラエル、アラブ首長国連邦、米国）まで、我々は、民主主義国家が国民と世界に貢献できることを証明する、強固で弾力的、かつ相互に補強し合う格子状の関係を構築している。その背景には、トランプ政権以来の「大国間競争」という国際認識がある。

◎米国は依然として世界をリードする大国である。米国の経済、人口、技術革新、軍事力は成長を続け、他の大国のそれを凌駕《りようが》している。米国固有の国力は、依然として比類がない。

◎米国は、国益を守るために必要な場合には、武力の行使をためらわない。

◎強力な米軍は、外交を支援し、侵略に立ち向かい、紛争を抑止し、力を投射し、米国民とその経済的利益を守ることによって、重要な国益を増進し保護するのに役立つ。

◎我々の力を結集し、侵略行為を抑止する効果を最大化する。このアプローチを我々は「統合抑止」と呼ぶ。

二〇二二NSSの第四章「我々の地域別戦略」は、ユーラシア東西で、「欧州との同盟の進化」「自由で開かれたインド太平洋の促進」と、以下のように二一世紀の介入戦略を展開している。

欧州との同盟を進化させる

◎今日、欧州は、自由、主権、不可侵の原則を守るための戦いの最前線に立っており、われわれは引き続き、自由の勝利を確実にするため足並みをそろえて取り組む。米国は、NATO第五条に明記されている集団的自衛に明確に関与しており、NATO同盟国とともに、あらゆる形態の侵略と強制を抑止し、防御し、強靭《きょうじん》性を構築するために協力する。われわれの同盟国が支出、能力、貢献を増やすことによって、より大きな責任を引き続き引き受けることを期待する。

自由で開かれたインド太平洋を促進する

◎自由で開かれたインド太平洋は、われわれが集団的能力を構築することによってのみ達成することができる。われわれは、地域の条約同盟国五カ国と最も緊密な協力関係を深めている。東南アジア諸国連合（ASEAN）の中心性を確認し、東南アジアのパートナー国とのより深い絆《きずな》を追求する。

◎QUADとAUKUSもまた、地域の課題に取り組むうえで重要であり、われわれは志を同じくするインド太平洋諸国と欧州諸国との間のより緊密な連携を促進することを含め、われわれの総合力をさらに強化する。

◎七五年間、米国は強力で一貫したプレゼンスを維持しており、今後も同地域の安定と平和に有意義な貢献を続けていく。インド太平洋地域の条約同盟国オーストラリア、日本、韓国、フィリピン、タイに対する鉄壁の関与を再確認し、これらの同盟を引き続き近代化する。

本章の冒頭で引用したバイデン政権の二〇二二NSSは、米国はグローバル・パワーで、グローバルな権益を持っていることを理由に、各地で積極関与し、敵対的な大国の支配を排除すると宣言していた。二〇二二NSSは、「国益を守るために必要な場合には、武力の行使をためらわない」と、歴代政権と同じ基本戦略を確認している。「自衛」に限定されることなく、「国益を守る」ために、である。その主張が受け入れられるためには、米国の「国益」は常に国際社会の利益と一致することが証明されなければならないが、そのようなことにはならない。それは、別の大国（グローバル・パワー）のグローバルな権益についても同様である。

現実には、ロシアはウクライナ侵略戦争の継続、中国は東・南シナ海での力による一方的な現状変更という覇権主義の行動をあらわにしている。それを咎《とが》める米国の主張に異論はない。しかし、国際社会は、どう対処すべきか、すべて米国独自の判断と行動に委ねているわけではない。「大国間競争」（GPC）と表現されるが、米国を含めた覇権争いというのがその本質だ。

# 第Ⅳ章　「統合抑止」と軍事同盟

「大国間競争の出現」が米国にとって最大の脅威であるというのが、バイデン米政権の国家安全保障戦略（二〇二二NSS）と国家防衛戦略（二〇二二NDS）の認識だった。米国議会調査局の報告書では、大国間競争の出現が、「ユーラシア地域における覇権国の出現を阻止する」という米国の大戦略を変更するものとはなっていないことも明らかになった（議会調査局は、「大戦略」とは一般に、ある国が、外交・情報・軍事・経済〔米政府用語でDIME〕を含む、保有するすべての国家手段を用いてその国益を確保し世界において前進するための全般的戦略を意味する、と説明している）。

では、今後の大戦略、とくにDIMEのM（軍事的側面）はどうなるのか？　二〇二二NDSは「統合抑止」をその「核心的存在」と位置付けている。

## 1　国家防衛戦略の核心——統合抑止

二〇二二NSSは、統合抑止の説明に特別のページを割いて、概略、次のように説明している。

米国は、中国やロシアその他による侵略の抑止に重大な利益を持っている。能力の高い競争相手、また従来の紛争の境界線以下でも以上でも威嚇を行う競争相手の新たな戦略は、通常戦力と核抑止力だけに頼るのでは十分でないことを意味している。わが国の防衛戦略は、中国を刻々と深刻化する挑戦（pacing challenge）*と位置付け、抑止力を維持・強化しなければならない。

統合抑止とは、潜在的な敵対勢力に対し、敵対行為の代償がその利益を上回ると確信させるための能力を途切れることなく組み合わせることである。これには以下が含まれる。

◇軍事（陸、空、海、サイバー、宇宙）、非軍事（経済、技術、情報）で、領域を超える統合◇地域を超える統合◇紛争のあらゆる種類におよぶ統合◇米国政府の全体にわたる統合◇同盟国やパートナーとの統合（相互運用性や共同能力開発への投資、強力的態勢計画、協調的外交・経済的対応を通じて）。

＊pacing challengeという言葉にこなれた翻訳がないが、この表現は、二〇二一年バイデン政権発足直後の一月、上院軍事委員会審議公聴会で国防長官に指名されたオースティン氏（現長官）が繰り返した。今回のNDS策定に中心的役割を果たしたコリン・カール国防次官（政策担当）は、「この言葉は、基本的には、国際秩序を完全に再編し、軍事的にだけでなく、技術、経済、外交的にも米国に挑戦する意図を持ち、ますますその能力を高めている唯一の国が中国だという現実を反映したもの」と説明している。二〇二一年三月の日米安全保障協議委員会（2+2）共同記者会見でのオースティン国防長官の発言の日本外務省訳が「刻々と深刻化する挑戦」だ（オースティン長官の発言は「挑戦」と「脅威」と両方ある）。

具体的には、第一に、侵略しても利益が得られないことを敵にわからせる「拒否的抑止」。次に多様な領域で敵の攻撃に耐える強靭性《きょうじん》。第三に、侵略しても利益より「コスト」（代償）の方が大きいことを理解させる「コストの賦課」、いわゆる「懲罰的抑止《ちょうばつ》」。最後に「抑止するための究極の最終手段である核戦力」の近代化を主張している。

◎強靭性による抑止：敵が侵略によって利益を獲得するのを拒否するにも強靭性（破壊に耐え、戦い抜き、急速に回復する力）を必要とする。国内でも、危険にさらされている同盟国やパートナーとの協力においても、拡大する重要なネットワークや極めて重大なインフラに対する攻撃に対処する能力を向上させ、強靭性の構築を優先する。

◎直接および集団的コスト賦課による抑止：拒否および強靭性の戦略は必要だが、それで常に十分とは限らない。効果的な抑止は、想定された侵略の利益を上回るコストを課す我々の能力で左右される。米国本土および米国の拡大抑止に依存する同盟国およびパートナーに対する攻撃を抑止するための究極の最終手段である核戦力の近代化を継続する。

◎中国による攻撃の抑止：拒否の側面を強化し、中国が攻撃する可能性のある米国システムの強靭性を強化することにより、抑止力を強化する。同盟国およびパートナーとの協力は、多国間演習、技術の共同開発、大規模な情報の共有、共有された抑止課題に対する共同計画の支援により、共同能力を強化する。永続的な優位性を構築し、我々の技術的優位と統合軍の戦闘の信頼性を保証する基本的な改善・強化に着手する。

## 2　統合抑止と日米の軍事的融合

米国の統合抑止は、同盟国、パートナー国に、実際にどのような関係と行動を求めるのか？　日本と東アジアの現実を見る。

### ①日本の安全保障戦略

日本の岸田政権が二〇二二年一二月に公表したいわゆる「安全保障三文書」（「国家安全保障戦略」、「国家防衛戦略」、「防衛力整備計画」）の一つ「国家防衛戦略」は、「ロシアがウクライナを侵略するに至った軍事的な背景としては、ウクライナのロシアに対する防衛力が十分ではなく、ロシアによる侵略を思いとどまらせ、抑止できなかった、つまり、十分な能力を保有していなかったことにある」と主張する。

国家安全保障戦略は次のようにいう。

ロシアによるウクライナ侵略により、国際秩序を形作るルールの根幹がいとも簡単に破られた。同様の深刻な事態が、将来、インド太平洋地域、とりわけ東アジアにおいて発生する可能性は排除されない。国際社会では、インド太平洋地域を中心に、歴史的なパワーバランスの変化が生じている。また、我が国周辺では、核・ミサイル戦力を含む軍備増強が急速に進展し、力による一方的な現状変更の圧力が高まっている。

**脅威への対処**　それゆえ、「反撃力」「敵基地攻撃能力」を保有することが日本の安全の確保につながる、というのが岸田政権の安全保障政策の核心だ。国家防衛戦略は次のように展開されている。

まず、「我が国の防衛目標」である。

①力による一方的な現状変更を許容しない安全保障環境を創出する。

②我が国の平和と安全に関わる力による一方的な現状変更やその試みについて、我が国として、同盟国・同志国等と協力・連携して抑止する。

③万が一、抑止が破れ、我が国への侵攻が生起した場合には、その態様に応じてシームレスに即応し、我が国が主たる責任をもって対処し、同盟国等の支援を受けつつ、これを阻止・排除する。

④核兵器の脅威に対しては、核抑止力を中心とする米国の拡大抑止が不可欠であり、我が国自身の努力と、米国の拡大抑止等が相まって、あらゆる事態から我が国を守り抜く。

その上で、「我が国への侵攻を抑止する上で鍵となるのは、スタンド・オフ防衛能力等を活用した反撃能力である」として、「相手からミサイルによる攻撃がなされた場合、ミサイル防衛網により、飛来するミサイルを防ぎつつ、相手からの更なる武力攻撃を防ぐために、我が国から有効な反撃を相手に加える能力、すなわち反撃能力を保有する必要がある」と述べている。

「**抑止力の方向性のすり合わせ**」　国家防衛戦略は、「日米の基本的な役割分担は今後も変更はないが、我が国が反撃能力を保有することに伴い、弾道ミサイル等の対処と同様に、日米が協力して対処していく」としている。

これら戦略文書を踏まえて、岸田首相とバイデン大統領の日米首脳会談がワシントンで二〇二三年一月に行われ、「我々は、……日米共同の戦力態勢と抑止力の方向性をすり合わせてきた」「日本の反撃能力その他の能力の開発と効果的な運用について協力を強化するよう、閣僚に指示した」との共同声明が発表された。

ウクライナ侵略戦争の原因は、はたして「国家防衛戦略」の主張のとおりで、冒頭の引用に続く「相手の能力に着目した自らの能力、すなわち防衛力を構築し、相手に侵略する意思を抱かせないようにする」ことが、日本の安全を守る最善の方法なのか？　それは現実にはどのような形態をとるのか？　日米共同声明で言うように、抑止力の方向性が「すり合わされ」、反撃能力の効果的運用の協力が強化された結果、米軍と日本の自衛隊はどのように「統合」されるのか？

## ②日米の軍事的融合

日米首脳会談共同声明の意味するところを、バイデン政権の国家安全保障会議東アジア部長だったクリストファー・ジョンストン氏（現「戦略国際問題研究所」〈ＣＳＩＳ〉日本部長）が、米外交専門誌

『フォーリン・アフェアーズ』（二〇二三年一月一二日）の論評「米国は日本をさらに引き込まなければならない」で、明らかにしている。

「**米国は日本をさらに引き込まなければならない**」反撃能力が日本を救うと主張する日本人が肝に銘ずべきジョンストン氏の第一の指摘は、「日本が北朝鮮や中国の目標に対して長距離攻撃を開始するいかなるシナリオも、ほぼ確実に、米国の軍事行動と同時」だという指摘だ。

「日米両国は、優先する標的を特定し、誰がどのように攻撃するかを定め、加えられた被害を評価し、さらなる行動が必要かどうかを判断するダイナミックな能力を必要とする。米国と日本は初めて、日本国外の標的に対する武力行使を調整できるようになる必要がある」「少なくとも最初は、そしておそらく長期に、日本は反撃能力で（自国への）攻撃に対処するには、米国の情報能力、標的設定能力、損害評価能力に依存しなければならない」

さらに、戦時には日米の指揮・統制の統合が不可欠となる。「米軍司令官が米韓両軍に指揮権限を持つという韓国モデルは、今日の日本ではおそらく政治的に維持できないだろうが」、と断りつつ、「より統合された構造が不可欠」だと指摘する。

ジョンストン氏は加えて、最高レベルの情報共有、日本の防衛産業強化を保証する融合措置の必要を強調している。

**日本の長距離ミサイル取得と米日同盟への影響**　日本が「敵基地攻撃能力」「反撃力」を取得した場合、それを米国軍事作戦にいかに統合し、米日同盟への影響をどう想定するか。米国では数年前から、安全保障・軍事関係の研究所がさまざまな検討を行っている。米国の軍事関連研究所ＲＡＮＤは、「予想される日本の長距離対地攻撃ミサイル取得と米日同盟への影響」と題する二〇二一年二月の会合の概要を公表し、「日米が統合された形で作戦をしようとする場合、なお多くの課題が残されている」とまとめている（概要には、森聡・法政大学教授、北岡伸一・東京大学名誉教授連名の「日本の反撃能力の獲得：防衛戦略の限定攻撃作戦」と題する報告も含まれている）。

ジェフリー・ホーナンＲＡＮＤ上級研究員はその中で、「同盟として調整された計画に日本を引き入れる必要があるが、長距離攻撃の目的について共通の理解に合意し、同盟の勝利理論をつくり上げることは困難かもしれない」と懸念している。

「日本の攻撃は、中国の東シナ海の作戦領域に被害を与えるために、特定の標的、例えば発射装置を無力化するためだけに使用されるのか？ それとも、米軍が敵の領域の奥深くに戦力を投入し、場合によっては中国指導部を転覆させることを可能にするためのより広範な試みの一部となるのか？」

ホーナン研究員は、日本が、攻撃の対象にカウンター・バリュー標的（重要インフラなど民間施設）を設定できず、カウンター・フォース標的（戦力と、指揮・統制・通信・コンピューター・情報・監視・偵察施設）に限定される可能性があり、その場合には標的についての合意も計画プロセスにおける役割分担も困難になると指摘している。

さらに、嘉手納基地への攻撃の影響を分析したＲＡＮＤの報告書が、中国はわずか六〇基の巡航ミサイルで、嘉手納基地のすべての格納庫、強化された航空機の掩体《えんたい》、燃料タンクを標的とし、九〇パーセント以上の確率でそれを破壊できることを明らかにしたことを指摘。「日本の攻撃能力が敵を抑止することを意図しているのであれば、敵の航空・ミサイル攻撃からその能力を防衛することが同盟の最優先課題となる。効果的な航空・ミサイル防衛は、日本が責任を負うことになるが、米国にとってさらなる負担になる可能性がある」と警戒している。

## ③同盟融合の象徴――統合防空ミサイル防衛

二〇二三年一月の日米首脳会談に先立って、一月一一日に行われた日米安全保障協議委員会（「2プラス2」閣僚会合）の共同発表は、「日米同盟の抑止力・対処力」の強化の冒頭に、「統合防空ミサイル防衛」（IAMD）をあげた。米インド太平洋軍の「インド太平洋軍IAMDビジョン二〇二八」は、先制攻撃となる対処を含め、これまでの同盟国の協力を超えた同盟の「融合」(amalgamation) を不可欠としている。

米空軍大学の『インド太平洋問題ジャーナル』（二〇二二年一月二八日付）に掲載されたリン・サベージ米空軍大佐の論文「自由で開かれたインド太平洋のための統合抑止」は「各国に主権の一部を放棄させる」ことを想定する「融合」の内容を明らかにしている。

センサーと射撃統制データを他のすべての国と共有する必要がある。射撃を実行する各国は、迎撃ミサイルの位置と能力を共有する必要がある。各国に主権の一部を放棄させる（最終的には各国の主権維持能力を向上させる）最終権限は、政府横断的アプローチとなる必要がある。二〇二一年後半には日米豪印のQUAD四カ国がハワイに集まり、IAMDの構成要素を周知化し、各国の能力をさらに発展させ、中国に対抗する決意を示した。

日米の軍事的融合は、統合抑止の軍事的合理性から当然の帰結となる。

第一に、日本は反撃能力を行使する上で、米国の情報能力、標的設定能力、損害評価能力に、長期にわたり依存しなければならない。日米の指揮・統制の統合が不可欠となる。

第二に、共通の標的設定がなされなければならない。日本の反撃能力は、中国の重要インフラなど民間施設を標的とできるのか、さらには米軍が敵の領域の奥深くに戦力を投入し、中国指導部を転覆させることを可能にする作戦の一部を構成できるのか。

第三に、「統合防空ミサイル防衛」を機能させるためには、迎撃ミサイルの位置と能力を共有し、先制攻撃となる対処を含め、主権の一部を放棄する可能性のある攻撃命令が必要になる。

## 3　「統合抑止」論批判

### ①米国内で

米国の「大西洋評議会」は、米国内の安全保障問題の専門家の「統合抑止」戦略への批評をまとめている。

**中国の軍事力拡大を抑止できるか**（ジョン・カルバー）　大きな問題は、この戦略文書が中国の大規模な軍事・技術的変革の加速を抑止するのか、促進するのか、だ。国防総省が、その航行の自由作戦、偵察飛行、多国間演習を「これまで常に行ってきたこと」にすぎないと主張する時代は終わった。二〇二二NDSが同盟国やパートナーとの統合的な支援と作戦を重視していることは、米国が台湾を「主要な非NATO同盟国」に指定し、仮想（virtual）の防衛保障という米国の既存の政策障壁を突破する可能性を強調することになる。

**引き受けすぎた**（クレメティン・スターリング）「統合抑止」は、敵にリスク認識を変えさせることを中心に定義されているが、米国が抑止しようとする有害な行動とは何かが敵に広く理解されていなければ、その達成は困難だ。第二に、米国の同盟国やパートナーとの協力がアメリカの持っている「戦略的優位性」だとして強調されているが、同盟国との統合は、情報共有や技術協力に対する障壁によって妨げられている、運用面および戦略面での計画の強化が必要だ。第三に統合軍の「技術的優位性」を強化するために防衛産業基盤全体で取り組むと言うが、民間部門との関与、迅速な実施のためにどうするか、その詳細が示されていない。

### ②オーストラリアとの戦略思考の落差

オーストラリア国防省の『防衛戦略研究ジャーナル』は、米国の「統合抑止」戦略は抑止理論としての内容を備えていない、と批判するニュージーランド・ビクトリア大学ウェリントン校のヴァン・ジャクソン上級講師の「米豪の戦略的思考ギャップ」と題する論文を掲載している。

ジャクソン氏の批判は、核戦争にエスカレートすることなく、中国本土の標的攻撃という威嚇で中国の行動を抑止することができる、という論拠と戦力計画が欠落している、という点にある。

米国には中国の報復を抑止する理論がなく、「統合的抑止」という新造語にもない。……中国本土の重要インフラを標的とするという過剰戦争以外の戦闘概念は生み出されていない。核戦争にエスカレートすることなく、中国本土の高価値の標的を攻撃できるというもっともらしい説明をすることはできなかった。

ジャクソン氏は、オーストラリアの戦略思考も定まっていない、と批判する。オーストラリアの戦略文書二〇二〇年「改訂国防戦略」は、中国を軍事的に抑止する必要があるとする立場から、潜水艦（米国製原子力推進の）に搭載した通常弾頭のトマホーク巡航ミサイルをその抑止手段と考えているとされる。彼は、「中国本土をオーストラリアの潜水艦搭載の通常戦力による攻撃のリスクにさらすことで、オーストラリアの望まない行動を中国人民解放軍がとらないようにするに十分な恐怖を与える、というようなシナリオがあるのか?」「ほとんど考えられない」と指摘する。

オーストラリアにとって、核兵器を保有する敵に対する通常戦力による抑止は、高リスクの野心的な課題である一方、その成功は、米国の信頼性と能力など、オーストラリアがほとんど制御できない要素に左右される。他方、核大国に対する実行可能な強制の理論が提示できない米国の統合抑止は、核と通常の戦力計画の間の壁をなくし、軍事的要件を前線の同盟国に移行させる。「米豪の戦略的思考ギャップ」は深刻であり、オーストラリアは、①独自の通常戦力抑止の理論を構築するか、②オーストラリアを対中国の抑止任務から切り離すか、③さらに対米依存を深め、大国間競争の最前線の緩衝装置としての役割を拡大する役割分担をすすめるか、の選択を迫られている、というのがジャクソン氏の現状認識だ。

## 4　抑止論の解けない矛盾

### ①抑止とは何か

抑止の議論の際にしばしば言及されるローレンス・フリードマンの「Deterrence」（二〇〇四年）は、言葉の本来の意味について、オックスフォード英語辞典（ＯＥＤ）の次の説明を紹介している。「抑止する（to deter）とは、恐怖によって思いとどまらせたり、脇にそらせたり、抑制させたりすること。何かで怯《おび》えさせること。危険やトラブルを考慮して行動したり前進したりすることを思いとどまらせる、あるいは堪えさせること」。

米国「国防総省軍事関連用語辞書」の説明はごく短い。「抑止（deterrence）――許容不可能な反撃という信頼性のある脅威の存在と（あるいは）行為の代償が想定される利益を上回るという確信によって、行動を阻止すること」。

日本の『防衛白書』（二〇一一年）の（解説）「抑止について」は概略、次のように説明している。

抑止とは、「相手が攻撃してきた場合、軍事的な対応を行って損害を与える姿勢を示すことで攻撃そのものを思いとどまらせる」軍事力の役割とされる。抑止が機能するためには、抑止する側に、軍事的対応を実行する意図と能力があり、かつ、それが相手に正しく認識されることが必要であるとされる。

こうした抑止概念は、懲罰的抑止と拒否的抑止に分類されることが多い。懲罰的抑止とは、耐えがたい打撃を加える威嚇に基づき、敵のコスト計算に働きかけて攻撃を断念させるものであり、拒否的抑止とは、特定の攻撃的行動を物理的に阻止する能力に基づき、敵の目標達成可能性に関する計算に働きかけて攻撃を断念させるものである。また、手段に着目して、核兵器による核抑止、通常兵器による通常抑止とも分類される。

軍事力を脅しとして使うという考えは戦争そのものと同じくらい古い。しかし、特に、米ソがお互いに破滅的な核兵器を保有して以後、当初は抑止対象をソ連とワルシャワ条約機構軍に想定して、米国を中心に抑止概念の理論化がすすめられた。

通常戦力で劣勢に立つ米国・ＮＡＴＯ（北大西洋条約機構）軍がソ連に対抗するための核兵器による威嚇の利用から、米ソ間の核戦争回避の「相互確証破壊」（ＭＡＤ）理論、限定核戦争論など、現代の抑止論の核心は第一歩から核兵器の運用だった。その後、抑止の対象と領域の拡大・多様化によって、抑止の理論と実施は「精緻《せいち》」化され続けてきた。国家による核使用の抑止が関心の中心だった抑止理論の「第一の波」から、主たる関心が理性的国家主体、非理性的（ならず者）国家、テロリストなどの非国家と、第二～四の波が続き、二〇一四年にロシアが通信網遮断、フェイクニュース、SNSなどを駆使してクリミアを占領した「ハイブリッド戦争」に焦点をあてた抑止理論を「第五の波」とする指摘もある。

## ②抑止論が抱える矛盾

二〇二二NDS作成で中心的役割を果たしたコール米国防次官（当時）は、米ブルッキングス研究所での講演で、抑止の効果についての質問に、次のように告白した。「抑止は、国際安全保障の学者たちが五〇～六〇年にわたって取り組んできた最も厄介な問題の一つだ。なぜなら、抑止とは本質的に、何が起こったかではなく、なぜ何かが起こらなかったのか、また、どのような状況で何が起こらなかったのかを証明しようとするものだからだ。誰も解読していない暗号だ」。

抑止論が抱える最大の矛盾は、抑止が機能するか否かは、相手の判断次第だという点にある。「国防総省軍事関連用語辞書」の説明どおり、懲罰される可能性や利益がコストを上回る、と抑止対象が正しく（抑止しようとする側と同じ基準で）判断することが大前提だ。フリードマンは先の「Deterrence」で、ある国の警官と言葉のわからない外国人旅行者とのやりとりなどを例に挙げながら、この矛盾を細かく追跡している。双方が判断する上で「合理性の枠組みを共有」していなければならない。共有していたとしても、なお、抑止対象が状況を把握していない、あるいは愚かな解釈に傾いていることで、失敗する可能性がある。

「他者の知性と合理性に依拠する戦略理論は賢明ではない。もちろん、想定する愚かさに依拠する理論もそうだ」「合理性には限界があり、個々の行動主体の判断は状況や嗜好に依存することは、多くの経済学者も認めるところだ」と、フリードマンは嘆息する。

別の例だが、『英国防衛ドクトリン』（第六版、二〇二二年一一月公布）は、第三章三節「抑止への防衛の貢献」で、冒頭に大きく、「抑止は敵の心の中に存在する」（ジム・マティス元米国国防長官、二〇一八年）と、掲げている。その上で、次のように定めている。

抑止は、次のように定義される：強制又は武力紛争の結果が潜在的な利益を上回ることを潜在的な侵略者に納得させること。そのためには、行動する明確な政治的意思をもって、信頼できる軍事能力と戦略を維持することが必要である。すべての脅威を抑止することは不可能であるため、英国は、いかなる敵対的活動を抑止することができ、また抑止しなければならないか、また、強靭性やその他の形態の活動を通じてより適切に対処されるかを決定しなければならない。

『英国防衛ドクトリン』は続けて、抑止論のもう一つの難問、エスカレーション制御に言及する。

抑止は、我々の戦略、行動、発言の全体におよぶ継続的なエスカレーション制御活動である。

抑止とは、結局のところは武力を中心とした威嚇であって、抑止対象にとって信憑《しんぴょう》性のある脅威が存在するということは、それに対する対抗措置、軍備増強に至る可能性が大きいことを意味している。それは一方の安全保障のための軍備増強が他方の軍備増強を招き、逆に安全保障は低下するという「安全保障のジレンマ」につながる。

初期の核抑止理論だが、ハーマン・カーンは『エスカレーション論』（一九六五年）で、危機が発生する前の段階から、敵国の人口密集地に対して核兵器を使用する段階まで、四四段階のエスカレーションの梯子（ラダー）を提起した。以来、半世紀以上経過したが、核兵器使用が最終的抑止力として位置づけられている現実は変わっていない。ロシアによるウクライナ侵略とプーチン大統領が繰り返す核の威嚇は、エスカレーションの制御がほとんど不可能という現実を明らかにしている。

## 5　現実の抑止戦略

抑止政策は常に、抑止が失敗した場合の「対処」、つまり実際の武力行使計画をともなう。中国に対する通常戦力による抑止と抑止破綻の際の対処はどうなるのか、米国「クインシー研究所」が、その実態についての研究報告「能動的拒否戦略」（二〇二二年六月）をまとめている。

## ①対中国抑止戦略

「防衛白書」の抑止解説に従えば、攻撃を受ければ耐え難い打撃で報復するとの威嚇によって敵に攻撃を断念させるやり方を「懲罰的抑止」、敵の攻撃を阻止する能力を示して敵に目標達成は不可能と判断させるやり方を「拒否的抑止」と分類される。

「懲罰」という威嚇の最大のものは核攻撃であることから、通常兵器による抑止は実質的に「拒否的抑止」一つにまとめられている、と「クインシー」報告書は批判する。しかし、通常戦力による抑止は、戦闘地域全体を支配して敵に急速かつ全面的な敗北の見通しを悟らせるやり方の「統制戦略」と、逆に、戦闘は長期化して最終的には防御する自身の側に有利になると判断させることで攻撃を中止させる「拒否戦略」では、実際の戦争戦略が大きく異なる、のだと報告書は次のように強調する。

「統制戦略」で、戦闘地域のすべてまたは大部分を支配するためには、多様な標的に対する深く侵攻した攻撃的行動に重点が置かれる。それは、平時または戦闘開始直後に部隊と火力を前方に集中する能力を必要とし、敵が発射する前に攻撃システムを破壊する必要性が強調される。

他方、拒否戦略は、敵が一部の地域で一時的な利益を獲得することを暗黙に受け入れる。なかでも、「能動的拒否」は、攻撃を敵の攻撃作戦に直接的に関与している戦力に集中することで、紛争の範囲を限定させ、エスカレーションの動機をなくする。

通常戦力〔による攻撃〕でも、中国政府は特定の種類の攻撃や活動を懲罰的とみなすかもしれない。例えば、電力システムへの攻撃について、その意図が近くの空軍基地であったとしても、中国政府は、ダムの機能に影響を及ぼす可能性のあるカウンター・バリュー戦略だと受け取る。〔その場合の中国の反応である〕核へのエスカレーションの危険を最小限に抑えるためには、攻撃目標調整の検討が必要となる。

中国軍の弾道・巡航ミサイル能力を考えれば、米軍の前方への大規模の戦力配備は、甚大な損失を招く。平時から、攻撃力はあるが防御が脆弱な部隊を前方に集結させることは、双方に、先制攻撃すれば優位に立てるという誘因をもたらし、事態の安定を損なう。西太平洋戦域の外に存在する米軍の量と質は、拒否戦略の最も困難な要件（時間が経過すれば兵力のバランスが米側に優位になる見通し）を十分に満たしている。

だから、米軍の大部分は前方に展開せず、より柔軟な態勢をとれば、双方による先制攻撃の誘因は、「統制戦略」に比べて大幅に減少し、危機の安定性が強化される。故に、この「拒否戦略」が最善の戦略である、というのが報告書の結論だ。その上で、日本の「敵基地攻撃能力」「反撃能力」取得戦略に懸念を表明している。

一部の同盟国、特に日本の長距離打撃能力の獲得をめぐる議論は、潜在的に懲罰的な作戦概念であることを示唆している。……拒否戦略の観点から見ると、日本がトマホーク巡航ミサイルを取得することは、不必要に安全保障上のジレンマを悪化させ、リスクを増大させる可能性がある。

## ②抑止力の信頼性

米国の戦略的関心は「権威主義の統治と修正主義の外交政策を重ねる大国」にどう対抗するか、だった。その結論は、煎じ詰めれば、米国だけでの対処は限界で、また現状の同盟の統合では不十分だから、切れ目なく融合した軍事同盟を築き、その力によって大国の一方的な現状変更を抑止する、というものだった。その際、日本が取得することになる「敵基地攻撃能力」「反撃能力」が行使されるいかなるシナリオも、米国の軍事行動と同時であって、日本が独自に判断することはない。

刻々と深刻化する中国の挑戦に対処する新しい「統合抑止」は、そうした日米の戦略的統合、軍事的融合によってもたらされるのだが、従来の抑止論が抱えてきた根本矛盾――抑止をもたらす手段である脅威の評価・判断はもっぱら抑止対象（この場合、中国）の「合理性」に任され、抑止対象の反応（=敵対する、しない）は抑止する側から予測できず、特に対象が核兵器を保有する場合、エスカレーションの制御は極めて不確実であること、など――を克服する新たな方策はなんら提示されていない。

考えてみれば、二一世紀、特に二〇一〇年以後の国際情勢変化の震源は、中国経済の超急激な発展だった。経済規模（GDP）の比較で言えば、二〇一〇年に日本と肩を並べ、二〇二二年には四・六倍（IMF統計）となった。中国では、わずか一二年で日本規模の経済が新たに三つ半生まれ、付け加わったことになる。「ストックホルム国際平和研究所」（SIPRI）の資料では、二〇〇〇年の米国の軍事予算は四五五〇億ドル（中国四二二億ドル、日本四七一億ドル）、台湾は中国の二分の一だった。現在、中国の軍事費は日本の五・四倍、台湾の二〇倍以上だ。

米ブルッキングス研究所上級研究員のマイケル・オハンロン氏は、この変化と「統合抑止」の意味を概略、次のように分析する（米紙“The Hill”二〇二二年一一月一五日付）。

統合抑止は、単に二つの現実を認識しているにすぎない。第一に、中国の沿岸近くでの米国と同盟国の軍事的優位性は、中国がハイテク産業大国になる前に我々が享受していた水準に再び近づく可能性は低い。中国沿岸近くのさまざまな軍事シナリオでの迅速な勝利は、はるかに困難になる。

第二に、小さな利害をめぐる、あるいは平和と戦争の間の「グレーゾーン」のシナリオで、エスカレーション〔の威嚇〕は必ずしも最善の選択肢とは限らない。例えば、中国が東シナ海の無人島の尖閣諸島を一発の発砲もなしに占領した場合、正しい対応は――日本が現在、尖閣諸島の領有権を主張し、管理しているというだけの理由で――侵略軍を爆撃したり撃ったりすることではない可能性がある。軍の再配置と強化、経済的処罰、侵略者に対抗する強力な連合を構築する外交努力、侵略者の経済的報復に対する国内の強靭性を高めるための様々な準備（理想的には事前の）を組み合わせることが、より理にかなっているかもしれない。全面戦争の回避を確保しつつ断固とした対応が必要な場合に、ロシアや中国に対して実施する多面的な選択肢を確保することが必要となる。

「反撃能力」確保という主張の中には、軍事対応には信頼性があり、外交は不確実だとの声があるが、「抑止」の不確実性は見てきた通りだ。日米の軍事的融合で、国際秩序の変更をめざす中国の拡張行動を、核エスカレーションの可能性なしに、抑止するという戦略に「信頼性」は読みとれない。

《参考文献》

◎クリストファー・ジョンストン「日本をいっそう引きよせなければならない」Christopher Johnstone, "To Make Japan Stronger, America Must Pull It Closer", Foreign Affairs, January 12, 2023.

◎ランド研究所「想定される日本の長距離対地攻撃ミサイル取得と米日同盟への影響」"Japan's Possible Acquisition of Long-Range Land-Attack Missiles and the Implications for the U.S.-Japan Alliance", RAND, Mar 1, 2022.

◎リン・サベージ米空軍大佐「ＩＡＭＤ構想２０２８」Colonel Lynn Savage, "USINDOPACOM's IAMD Vision 2028", AIR & SPACE OPERATIONS REVIEW, VOL. 1, NO. 2, SUMMER 2022.

◎ヴァン・ジャクソン「統合抑止とは何か：米豪戦略思考のギャップ」Van Jackson, "What is integrated deterrence? A gap between US and Australian strategic thought", Australian Journal of Defence and Strategic Studies, November 2022.

◎クインシー研究所「能動的拒否戦略」"Active Denial: A Roadmap to a More Effective, Stabilizing and Sustainable U.S. Defense Strategy in Asia", Quincy Institute Brief #8, June 22, 2022.

# 第Ⅴ章　安全保障の仕組みと平和の可能性

## 1 二つの戦争の行方と平和の条件

### ①ガザ戦争とイスラエル・パレスチナ問題

第I章で確認したことだが、現在のガザ戦争は、グテーレス国連事務総長が述べた通り、二〇二三年一〇月七日のハマスの攻撃から始まったのではない。第二次世界大戦後に限っても、推定七五万人のパレスチナ人が故郷を奪われた一九四八年の第一次中東戦争から始まり、一九六七年の第三次中東戦争ではイスラエルがガザ、ヨルダン川西岸、東エルサレムを占領し、推定三〇万人のパレスチナ難民を新たに生み出したという歴史的背景がある。

問題は、突き詰めれば、イスラエルによる東エルサレム、ガザ、ヨルダン川西岸地区の占領であり、解決の基礎は、「戦争による領土の獲得は許されない」と定めた一九六七年の戦争の停戦決議「国連安保理決議二四二」に基づく占領の終了である。

決議二四二以来、六〇年近く、さまざまな提案、交渉、決裂、武力紛争が繰り返された。パレスチナ自治政府によるテロ防止というオスロ合意の試みは失敗したというのがイスラエルの占領支配継続の理由だが、今回の戦争が証明したのは、イスラエルがいかに軍事力を強化、近代化しようともパレスチナ人の行動を「抑止」することはできないという事実だ。そのことから引き出される「平和の条件」の第一は、一九六七年の境界線を確定し、パレスチナ人の自決と安全保障を確立することだ。

パレスチナとイスラエルの双方が平和的共存に合意してその一歩を踏み出しても、二国家共存には具体的・段階的措置が必要で、既存の入植地、エルサレムの地位、パレスチナ難民の帰還など難題が未解決のままだ。双方ともに内部は一つではなく、武力不行使の大原則を確立して、時間をかけて進まなければならない。

「平和の条件」として、もう一つ、地域規模の包摂的な安全保障フォーラムが考えられる。

中東の主要国の対立の歴史は長い。しかし、特に二〇二〇年代になってから地域の各国政府の関係は発展している。アラブ首長国連邦（UAE）は二〇二二年にイランとの外交関係を再確立し、サウジアラビアとイランは二〇二三年三月、オマーンとイラクを介した秘密協議の後、中国の仲介で関係を正常化した。二〇二三年一一月、サウジはリヤドでアラブ連盟とイスラム協力機構（IOC）の合同首脳会議を主催し、これにイラン大統領が参加した。翌月にはイランとサウジの首脳が北京で再び会談し、両国外相は二〇二四年一月にも、スイス・ダボスの世界経済フォーラムで会談している。

エジプトとイランも、リヤドのアラブ連盟・IOC合同首脳会議で両国大統領の初会談を実施し、二〇二三年一二月にはガザ問題などでこれまた初の電話会談を行っている。

トルコとサウジ、UAEとの和解も進んでいる。アラブ連盟は二〇二三年五月、シリアの連盟復帰を認めた。サウジアラビア、UAE、バーレーン、エジプトは、イランやトルコとの密接な関係、ムスリム同胞団支援、衛星テレビ局アルジャジーラ運営などを理由にカタールを封鎖していたが、二〇二一年に終了させた。

アラブ諸国はこれまで、一九四五年創設のアラブ連盟を中心にパレスチナ問題に対処してきた。アラブ連盟との間で調整し、二国家共存の方向を確認した上で、域外の主要国、イランとトルコ、さらにはイスラエルまでを包摂する、東南アジアの「ASEAN地域フォーラム」（ARF）のような、紛争を武力紛争としない役割を果たす仕組みの確立は、「平和の条件」の一つとなる。

米国は、その軍事力とイスラエルが依存する巨額の軍事援助によって、イスラエル・パレスチナ問題で大きな影響力を持ち続けることは明らかだ。「地域安全保障フォーラム」の仕組みだけで中東和平を実現することはできないし、中東の主要国の戦略を一つにはできないだろう。パレスチナをめぐる長期の困難な交渉が予想されるのだが、少なくとも紛争を武力紛争としない方向に向かう上で、「フォーラム」の役割は小さくはない。

### ②膠着したウクライナ侵略戦争

ソ連崩壊直前の欧州安全保障協力会議（CSCE）パリ首脳会議で、全欧州と北米の首脳が調印した「欧州の対立と分断の時代は終わった。……われわれは、平和的手段によって紛争を解決するとの約束を再確認する」との「新しい欧州のためのパリ憲章」の誓約が、いかなる変化を経て、二〇二二年二月二四日のロシアのウクライナ侵略戦争に至ったのか？　第Ⅱ章「ロシアのウクライナ侵略と欧州安全保障体制」で、米国とロシア（ソ連）の合意、ＮＡＴＯとＣＳＣＥ／ＯＳＣＥ首脳会議の決定などを、かなり詳細に後追いした。

結局のところ、ＮＡＴＯとロシアは、さまざまな安全保障機構・制度を通じて対話、政策と利益の調整を試みたが、相手側の戦略意図を信じるに至らず、軍事力によって相手を「抑止する」ことを最優先する安全保障のやり方に固執した。紛争を平和的に解決する包摂的な平和維持の仕組み（ＯＳＣＥ）は、想定された機能を発揮する機会は得られないままだった。

ウクライナ軍は戦争の最初の年の二〇二二年秋には、東部ハルキウ州周辺のロシア軍戦線を突破し、ロシア軍を南部ヘルソン州でドニプロ川の北から追放した。西側の同盟国は、こうした戦場での勝利を前例とみなし、二〇二三年六月に開始した反攻作戦が成功し戦況を大きく変えると考えた。しかし一一月には膠着状態に陥っていた。二〇二三年後半以降、資源と兵員の制約は、ロシア側よりもウクライナ側の方が著しい。

ウクライナ軍のザルジニー総司令官（当時）は二〇二三年一一月、英誌『エコノミスト』とのインタビューで、「第一次世界大戦の時と同様、技術の進化が戦局を膠着させる事態になっている」「戦況を一変させるような見事な打開は恐らく起きないだろう」と語った。同司令官は、この戦争では、兵力の集結を察知するセンサー機器や、その兵力を破壊する精密兵器が使われ、「敵の動きをすべて把握できるが、敵も我々の行動すべてを把握できる」と説明している。

一部の専門家からは現在の戦略を総合的に再評価する必要があるとの声が上がっている。ウクライナの戦争目的——自国領土からのロシア軍排除とクリミアを含む領土保全の完全回復——は、法的にも政治的にも揺るぎないものだが、近い将来には手の届かないところにある。ロシアとの停戦交渉に応じ、軍事的重点を攻撃から防衛に切り替える戦略について協議を開始すべきだとの指摘だ。

しかし、こうした主張に、ウクライナのクレバ外相は、「速やかな勝利や、それがない場合の交渉による即時解決を期待するのではなく、数年にわたる戦争と長期的なロシア封じ込めを準備すべきだ。今すぐ交渉すればウクライナの利益になるという希望は甘い」と、以下のように批判する。

停戦は戦争を終結させるどころか、ロシアが再び攻め入る準備が整うまで戦闘を一時停止させるだけだ。その間に、ロシア占領軍はコンクリートや地雷原で陣地を強化することができるようになり、将来的に彼らを追い払うことはほぼ不可能になり、何百万人ものウクライナ人が占領下で何十年にもわたる抑圧を受けることになる。……

ウクライナ人はどんな代償を払っても「平和」を諦めない。キエフ国際社会学研究所が最近実施した調査によれば、ウクライナ人の八〇パーセントがロシアへの領土譲歩に反対している。別の世論調査では、ウクライナ勝利のためなら戦時中の苦難に何年でも耐える用意があるというウクライナ人が五三パーセントに上った。新ヨーロッパ・センターの一一月の世論調査では、ロシアとの交渉に入るべきだと考えているウクライナ人はわずか八パーセントだった。……

実際、プーチンに妥協する気配はない。……依然として、……ウクライナ全土を服従させたいと考えているのは明らかだ。ウクライナが平和と土地を交換することで、支配している土地で自由を保てるという考えは幻想だ。

ウクライナ領土の一八パーセントを占領するロシア側に妥協の意思はない。ロシアは占領下の「住民投票」の結果をもってウクライナの東、南部四州を「併合」し、二〇二四年三月にはこの四州でロシア大統領選挙を実行した。ウクライナ側は、「数年にわたる戦争と長期的なロシア封じ込めを準備すべき」だと主張する。

国連総会は、加盟国一九三カ国中一四一カ国の圧倒的多数で、ロシアのウクライナ侵攻を国連憲章違反と判断し、即時完全撤退を要求した。停戦が成立したとしても、最終的には、国際秩序のありようの前提として国際社会のこの意思が実行されなければならない。しかし、ウクライナ侵略戦争の終結とその後の地域の安全保障の方向は、不確実なままだ。

## 2 NATOと安全保障

第Ⅲ章でふれたように、ウクライナの西では、NATO加盟プロセスに入っていない欧州の国家は、中立を志向する四カ国（モルドバ、オーストリア、スイス、アイルランド）と旧ユーゴのセルビア（とコソボ）のほかには、ロシアとベラルーシしかない（正確にはOSCEに加盟する「ミニ国家」〈microstate〉

のサン・マリノ、バチカン、マルタ、モナコ、リヒテンシュタインもNATO非加盟)。その他の国はNATO軍事同盟に加盟し、ロシアに対抗する軍事ブロックが形成されている。

## ①ウクライナのNATO加盟

ウクライナがNATOに加盟すればロシアの攻撃を抑止でき、安全が保障されると広く主張されている(ここでは、前章で指摘した「抑止力」の不確実性は繰り返さない)。

ウクライナがロシアを撃退して戦争が終われば、その後にウクライナがNATOに加盟することには大きな障害はないだろうが、この戦争がそのように終わる可能性は薄い。ロシアと戦争状態にあるウクライナのNATO加盟には、さまざまな検討が必要となる。

NATO軍事同盟の核心は、加盟国への攻撃に対する同盟全体による自動的な武力対処を定める北大西洋条約第五条である、という言説が意図的に拡散されているが、第五条の文言は自動的な軍事力行使を加盟国の義務と定めてはいない。第五条は、締約国への「武力攻撃を全締約国に対する攻撃とみなす」と確認し、そのような武力攻撃が行われた場合、各締約国は「必要と認める行動(兵力の使用を含む)を個別的に及び他の締約国と共同して直ちに執る」との約束である。

戦争状態にあるウクライナがNATOに加盟した場合、NATO加盟国は、第五条に基づいて進行中のロシアとの戦争に自国の軍隊を投入するかどうかを決定しなければならない。

ウクライナがNATOに加盟してもロシア軍占領地域は第五条の適用外とする、という主張がある。

しかし、ロシアは、前線のはるか後方にあるウクライナの都市をミサイルで攻撃し、ウクライナ領に地上攻撃を実施する。この場合、NATOとロシアが直接衝突するかどうかの選択は、モスクワとNATO双方の責任となる。反撃の対象は占領地域に限定されるのか、ロシア領も含むのか。ウクライナが自国の領土をさらに解放した場合、その地域は第五条の適用を受けるのか。

第五条適用に幾つかの類型があるなどということは、特にロシアと国境を接する加盟国のフィンランド、バルト三国、ポーランド、ノルウェーには、到底認められない。加盟国の全領土に、常に適用される第五条でなければ、集団防衛同盟の意味を失う。

しかし、ロシアとの直接戦闘の回避は開戦以来、NATOの至上命題だった。バイデン米大統領は当初から（正当にも）、ウクライナへの直接的なNATOの関与は第三次世界大戦への道だと主張してきた。ウクライナ領空に飛行禁止区域を設定しないことを決定したのは、それがロシアとの軍事衝突を引き起こす可能性を高めるからだった。

NATO加盟がロシアの軍事攻撃を抑止することは、ウクライナの戦争自体が証明しているとの主張もある。プーチンは、ロシア軍に多大の犠牲をもたらしている兵器がどこから来ているのかをよく知っているが、補給を阻止するためにNATOの領土を攻撃していない。彼はNATOとロシアの戦争を望んでいない。ウクライナのNATO加盟がロシアを脅かして不安定化をもたらすという懸念は、問題の本質を逆立ちさせるものだ、と。

軍事同盟（の一員となること）がどこまでプーチンを抑止するか、が議論されているのだが、結局は、NATOのもたらす脅威をロシアがどのように認識しているか、の判断にかかっている（逆から言えば、プーチンはウクライナ、NATO、さらには国際社会の判断と行動を、ロシアの軍事力で抑止することはできなかった。また、「核兵器の使用が回避されているのは双方の核兵器の抑止力による」との主張も、抑止がいつ破綻するか、保証はできない）。

二〇二三年七月のNATO首脳会議（ビリニュス）は、ウクライナのNATO加盟について、ウクライナ自身とバルト諸国とポーランドが強く働きかけたにもかかわらず、「ウクライナがNATOに加盟するという二〇〇八年のブカレスト・サミットでの約束を再確認し……条件が整えば、ウクライナに加盟の招請を行う」とのあいまいな表現にとどまり、ウクライナのNATO加盟ではなく、「NATO・ウクライナ理事会の設立」を決定した。

なお、EUはすでに、ウクライナに加盟の道を開いている。ウクライナのEU加盟が、ロシアに対する抑止力になるとの見解もある。ウクライナがEU加盟国になれば、EU条約第四二条七項――「加盟国がその領域において武力侵略の犠牲となった場合、他の加盟国は、国際連合憲章第五一条に従い、自国が有するあらゆる手段による援助および支援の義務を負う」と規定する――の保護下に入ることになるという意味だが、自動的な軍事対処を規定しているわけではない。

## ②「集団防衛」と「協調的安全保障」

NATOは二〇二三年七月の首脳会議の共同声明の冒頭でNATOの本質について、「NATOは防衛同盟である」と規定。その上で、ＮＡＴＯの三つの中核的任務を「抑止と防衛、危機の予防と管理、協調的安全保障」と定めた。「三つの中核的任務」は、二〇一〇年ＮＡＴＯ戦略概念以来の規定で、現行の二〇二二年戦略概念もこれを踏襲している。

「協調的安全保障」（cooperative security）という言葉が戦略概念に含まれるのは、さらに一つ前の一九九九年戦略概念で、次のように記述されていた。

欧州安全保障協力機構（ＯＳＣＥ）は地域的な取り決めとして、カナダと米国も参加する欧州で最も包括的な安全保障組織であり、欧州の平和と安定の促進、協調的安全保障の強化、民主主義と人権の推進に不可欠な役割を果たしている。

ＮＡＴＯとロシアは、相互関係、協力および安全保障に関するＮＡＴＯ・ロシア基本議定書の枠内で、民主主義と協調的安全保障の原則に基づく欧州大西洋地域における永続的かつ包摂的な平和を達成するため、共通の利益、互恵性、透明性に基づき関係を発展させることを約束した。

「協調的安全保障」が中核的任務の一つとされたことから、ＮＡＴＯが単なる軍事同盟を超えて「集団的安全保障」組織の性格を帯びている、さらには「ＮＡＴＯは事実上、安全保障共同体の制度的表現」であるとの主張がなされている。

一九九九年版戦略概念での「協調的安全保障」の言及は、ＯＳＣＥが「欧州の平和と安定の促進、協調的安全保障の強化、民主主義と人権の推進に不可欠な役割を果たしている」という文脈でのものだった。しかし、二〇二二年戦略概念はＯＳＣＥをまったく取り上げることなく、「協調的安全保障」の内容については、◇同盟への加盟を目指す国々との政治的対話と協力の強化、◇NATOとEUの戦略的パートナーシップの強化、◇ルールに基づく国際秩序の維持という同盟の価値観と関心を共有するパートナーとの関係の強化、と説明するにとどまっている。

第Ⅱ章で辿《たど》ってきたように、NATOは、ソ連とワルシャワ条約機構の崩壊によって、結成以来の敵を喪失したものの、条約が対象とする地域外の「民族的対立や領土紛争など」の脅威を理由に存続し、当初は国連やCSCEの要請に基づいて地域の域外軍事作戦に従事し、その後は国連の授権なしの軍事行使に踏み出した。一方では、一九九〇年以来の欧州・大西洋地域の包摂的な安全保障構造の試みとの交錯・対立を繰り返し、東欧・旧ソ連諸国との「平和のためのパートナーシップ」（PfP）を通じて、東方拡大をすすめた。一九九九年にポーランド、チェコ、ハンガリー三カ国が加盟するまで一六カ国だった加盟国は今や三二カ国に広がっている。

その三二カ国の間で武力紛争となる事態は想定されないかもしれないが、それは自動的にNATO外部との平和の条件をつくりだすわけではない。

実際、NATOの第一次東方拡大となった一九九九年のポーランド、ハンガリー、チェコのNATO加盟の承認にあたって、米国上院は、NATOが「軍事同盟」であること、米国の強力なリーダーシップで米国の死活的利益を守ること、リーダーシップを維持するためには米国の戦闘部隊の駐留、米核戦力の欧州配備が不可欠、覇権国家の出現の可能性に対処することなどを条件とした。

よく知られているように、戦後の国際平和を維持する仕組みとして、「力の均衡」（バランス・オブ・パワー）ではなく、国際連合の「集団的安全保障」の体制がつくられた。集団的安全保障は、体制の内部（国連の場合、国際社会全体）の不特定の脅威を対象にして、平和と秩序を維持する。国連憲章第七章「平和に対する脅威、平和の破壊及び侵略行為に関する行動」は、最終手段として武力の行使を想定する。

これに対して集団的自衛権（国連憲章第五一条）を根拠とする「集団防衛」の体制は、外部に存在する特定の国家（群）を共通の脅威と位置付け、その脅威からの一あるいは複数の加盟国への攻撃を、加盟国全体に対する侵害とみなして、集団的に対抗する。

ヘンリー・キッシンジャー氏は自著『外交』（一九九四年、邦訳は一九九六年）の中で次のような説明をしている。

伝統的な同盟は特定の脅威に対するものであり、それぞれ国益を共有するかあるいは共通の安全保障上の懸念を有することによって関係づけられた特定の国家間の義務を正確に定義づけるものである。これに対して、集団安全保障は特定の脅威を定義づけず、特定の一国に保障を与えるものでない半面、どの国も差別しなかった。集団安全保障は理論上、どの国によってなされようが、またそれがどの国に向けられたものであろうが、平和に対するいかなる脅威にも対抗するためにつくられるものである。……同盟においては、開戦理由は同盟国の国益あるいは安全に対する攻撃である。集団安全保障の開戦理由は、世界のすべての国民が共通の利益を有しているとされる、紛争の〝平和的解決の原則〟の侵害である（「第一〇章「戦勝国のジレンマ」」）。

ＮＡＴＯは自らを「防衛同盟である」と規定している。外部の脅威に対して「抑止と防衛」を第一の中核的任務に位置付けるＮＡＴＯは、集団的安全保障の体制とはならない。では第三の中核的任務とする「協調的安全保障」とは、どのような関係になるのだろうか。

ＮＡＴＯの公式主要文書で「協調的安全保障」が言及されるのは、一九九五年一二月、北大西洋理事会閣僚会合の共同声明と言われる。ＮＡＴＯは、東方拡大へのロシアの不信を緩和するという文脈の中で、初めて協調的欧州安全保障構造について、以下のように言及した。

ロシアがボスニア・ヘルツェゴビナ和平合意の軍事的側面を実施するために設立された多国籍軍に貢献することを喜ばしく思う。ロシアの積極的な参加を得て、このような協調的欧州安全保障構造を構築することが、ＮＡＴＯとロシア双方、さらにはＯＳＣＥ地域の他のすべての国々の利益になると確信している。

協調的安全保障は、集団安全保障と同じく体制の内部の不特定の脅威への対処を想定しているが、その脅威が武力衝突にならないように予防し、紛争の平和的な解決を図り、武力衝突となった場合でもその被害を最小限にとどめることを目的とする。制度化された安全保障対話、安全保障に対する包括的アプローチ、信頼醸成措置を中心とし、軍事力による強制措置を含まない（山本吉宣「協調的安全保障の可能性――基礎的な考察」、『国際問題』一九九五年八月）。

それは明らかに、欧州安全保障協力機構（ＯＳＣＥ）の基本的性格と機能が体現するものだが、それが今や、ＮＡＴＯの中核的任務の一つと主張される。しかし、同盟外部の脅威に軍事的に対応するという第一の中核的任務との矛盾は残されたままである。

## 3　安全保障の仕組みは変わるか

ウクライナ侵略戦争とその後のロシアに対処する欧州の安全保障のありようは依然として不明だ。ロシアの武力行使を防止できなかった欧州安全保障協力機構（ＯＳＣＥ）の仕組みは、ウクライナ侵略後、どのように展開されただろうか。

### ①ウクライナ侵略戦争後のＯＳＣＥ

侵略後初のＯＳＣＥ外相理事会は、一〇カ月後の二〇二二年一二月にポーランドのウッチで開催された。議長国ポーランドは、ラブロフ・ロシア外相を含むロシア代表団のビザ発給を拒否し、参加した各国外相からは、当然にも、ロシアのウクライナ侵略を厳しく非難する発言が続いた。同時に、米国をはじめ各国はＯＳＣＥ存続の必要を強調した（29th OSCE Ministerial Council）。

トロイカ（前、現、次期議長国＝スウェーデン、ポーランド、北マケドニア）外相は、侵略を批判し、「国連憲章と、ヘルシンキ最終議定書、新欧州パリ憲章、欧州安全保障憲章、その他すべてのＯＳＣ

E規範、原則、公約の完全な遵守」の重要性を強調した。その上で、「独自の紛争管理措置と市民社会との広範な協力関係を有するOSCEが、依然として適切な存在であり、これからの時代において、この地域の信頼と信用を回復する上で重要な役割を果たすと確信している」と述べた。

米国のヌーランド国務次官は、ロシアの侵略を非難しつつ、「これまで以上に、この組織、その原則と公約、独立機関を重視している。安全で平和で豊かな地域を築くという共通の目標に対して、米国はOSCEに引き続き献身することを保証する」と発言した。

他方、ウクライナはOSCEからのロシア追放を求めた。

ロシアのルカシェビッチ常駐代表は、「イスタンブール（一九九九年）とアスタナ（二〇一〇年）のOSCE首脳会議の文書に署名したすべての国の指導者は、その文書に謳われている平等かつ不可分の安全保障の原則に導かれる用意があることを実際に示すべきである。他者の安全保障を犠牲にして自国の安全保障を強化しないという約束を明確に守る意思を再確認することが重要だ」と繰り返した。そして、OSCEを「相互尊重の対話と協力のプラットフォーム」と評価し、OSCEを、ロシアを排除した「類似の機構に置き換えることは不可能だ」と警告した。

侵略後二度目の外相理事会は二〇二三年一一月三〇日と一二月一日、北マケドニアのスコピエで開かれた（30th OSCE Ministerial Council）。

外相理事会にはラブロフ外相が参加したが、ウクライナとバルト三国、ポーランドの外相は参加を拒否（代表は派遣）した。ウクライナ外務省は、理事会開催を前にして、「ロシアからOSCEをいかに救うかに共通の努力を傾けるべきであり、第二次世界大戦後ヨーロッパで最大の武力侵略を繰り広げ、ヘルシンキ最終議定書のあらゆる原則に著しく違反した国家に、二〇二二年二月以前の協力形態に戻る可能性のメッセージを送るべきではない」との声明を発表していた。

米国のブリンケン国務長官は全体会議前日の会合には参加したものの、会議初日にイスラエルに向け飛び立った。

ロシアはこの間、ＯＳＣＥのコンセンサス決定の手続きを使って多くの決定を阻止し、組織を機能不全に陥れてきた。予定されていた次期ＯＳＣＥ議長にＮＡＴＯ加盟国のエストニアが就任するのを数カ月かけて阻止し、スコピエ会議の土壇場にいたってマルタの議長国就任で合意した。ＯＳＣＥ事務総長と主要四組織の責任者の任期は延長されたが、ＯＳＣＥ予算は合意されなかった。

各国の発言は極めて少なかったが、ラブロフ外相は長時間にわたり、「ロシア排除と欧州安全保障制度の支配を試みる米国とＮＡＴＯ」を批判し、ロシアの行動の正当性を主張した。ラブロフ氏は、二〇二二年一月二八日に米国と他のＮＡＴＯ加盟国の外相に送った「ＯＳＣＥ首脳会議で約束された、他国の安全保障を犠牲にして自国の安全保障を強化しないという約束をどう解釈しているのか」との書簡には返答すらなかった、とあらためてＮＡＴＯ側の責任を追及した。

ラブロフ外相は、「ＯＳＣＥは本質的に、ＮＡＴＯとＥＵの従属機関と化している。ヘルシンキ最終議定書の原則、とりわけ全参加国の平等原則に基づき、再び地域の安全保障問題に取り組むプラットフォームとなることができるのか？　今のところ、答えよりも疑問の方がはるかに多い」と言い放った。

　その一方で、会議二日目の閉会会合で発言したロシアのルカシェビッチ常駐代表は、「ＯＳＣＥがオープンで誠実な対話の道に戻り、対立傾向や狭い集団の利益の追求を克服し、コンセンサスの基本的ルールを無条件に尊重した対等な協力の用意があることを示すことができれば、我々は協力する用意がある」とまとめた。

　オブライエン米国務次官補は、「〔ロシアは〕ヘルシンキ最終議定書に基づく文明共同体の側に立つのか、それとも妨害を続けるのか。いずれにせよＯＳＣＥは発展する。その取り組みに参加するかどうかは、彼らの選択にかかっている」と警告した。

　スコピエ外相理事会の議論は、少なくともレトリックの上では、ＯＳＣＥが欧州・ユーラシアの安全保障の仕組みとして依然として重要であり、紛争後のウクライナは、機能するＯＳＣＥの支援を必要としていることが確認された。とはいえ、「ロシアはヘルシンキ最終議定書のあらゆる原則に著しく違反した国家」だとのウクライナの主張とどう折り合いをつけるのか。協力可能な課題と対立する課題を切り離し「隔離」するという外交手法、ロシア政府に変化が起こるときまでＯＳＣＥ存続に注力するという対応など、ウクライナ支援諸国も一つではない。

### ②安全保障共同体

　第Ⅱ章でみたように、「紛争の予防及び解決のためのメカニズム」という一九九〇年の「パリ憲章」以来の欧州・大西洋安全保障機構の探究は二〇一〇年に、OSCE五七カ国のアスタナ首脳会議の宣言「安全保障共同体に向けて」に到達した。宣言は、安全保障共同体としてのOSCEを「地域において最も包括的かつ包摂的な地域安全保障機関として、開かれた対話を促進し、紛争を予防し、解決し、相互理解を構築し、協力を促進するために、コンセンサスと国家主権の平等に基づいて運営される独特の協議の場を提供する」ものと規定している。

主権国家の「安全保障共同体」という考えは、米国の政治学者カール・ドイチュの『政治的共同体と北大西洋地域』（一九五七年）で示されている。それは、非暴力での問題の解決、基本的な政治的価値観の共有、互いの行動への信頼できる期待で制度化された国家間の緊密な関係で、そこでは、安全保障がその集団自体の利益と理解されている（Karl Deutsch, "Political Community and the North Atlantic Area"）。

このアイデアに基づいた研究からE・アドラーとM・バーネットは『安全保障共同体』（一九九八年）で、発生、成長、成熟という安全保障共同体の段階的発展を主張した。「発生」段階では、各国は、加盟国は紛争を平和的に解決することに合意し、そのための初歩的なメカニズムを特定するが、相互の疑念は残る。共通の安全保障を強化し、さらなる相互作用のために活動の調整を検討する。「成長」段階では、より緊密な軍事的協調と協力を反映した新たな制度や組織ができ、他のメンバーが脅威となる可能性への恐れが減少するが、底流には警戒心が残っている。「成熟」期では、共通のアイデンティティ、平和的変化に対する信頼できる期待を確立し、真の安全保障共同体の出現を可能にする（Emanuel Adler and Michael Barnett, eds., "Security Communities"）。

アドラーとバーネットは、共同体は安全保障を形成し、そして国際共同体の中に住む国家は平和的な気質を身につける可能性がある、と主張する。「欧州安全保障協力機構（ＯＳＣＥ）ほど、自らを明白かつ明確な安全保障共同体構築機関に変貌させた機関はない」と評価したが、それは民主主義的制度と市場経済改革によって推進されるものだとして、対象は西欧に限定されている。

しかし、『安全保障共同体』第六章で「過去三〇年間、暴力に頼ることなく紛争を解決してきた東南アジア諸国連合（ＡＳＥＡＮ）」について論じたアミタフ・アチャリヤは、ＡＳＥＡＮ諸国は現実に、リベラリズムによらずとも共同体構築に取り組むことができたと指摘し、民主主義体制が安全保障共同体の必要条件であるかどうかに疑問を提起した。アドラーとバーネットはこの指摘を取り上げ、「ＡＳＥＡＮのケースは、安全保障共同体の研究に関していくつかの懸念を提起している。おそらく最も重大な問題は、安全保障共同体は自由主義国家の間でのみ可能であるという思い込みであろう」と、コメントしている。次節で触れるＡＳＥＡＮの、政治体制を理由に排除しない「包摂」を通じた安全保障の成果とその先駆性に向けられた国際的な関心だった。

## 4　東アジアの平和構想

ここまで、国家間の武力紛争を「安全保障のジレンマ」――自国の安全保障を確保しようとする行動が、自国を含むすべての国家の安全保障を低下させる結果となる――の視点から考えてきた。第Ⅲ、Ⅳ章で分析した米国の戦略は、急激な経済成長を通じた大国として影響力を拡大する中国の台頭を「刻々と深刻化する挑戦」と位置付け、中国に対するインド太平洋地域での抑止力強化を同盟国との「統合抑止」で追求するというものだった。

その戦略の危うさはすでに指摘したところだが、「ウクライナや中東の混乱に乗じ、中国が台湾に侵攻したり、北朝鮮が南進したりしてからでは、手遅れだ。そうならないよう、米国と同盟国がさらに中朝への抑止を強め、軍事行動に出るのを防ぎ続けるしかない」という一部マスコミの主張とは真逆の意味で、今、東アジアの平和構想が求められている。

### ①東アジアの平和の条件

東アジアには、NATOのような地域大の多国間軍事同盟は存在しない。欧州では、見てきたように、NATO軍事同盟とロシアという構図のなかで、双方が軍事力による抑止を安全保障の根幹にと固執したことが、欧州・大西洋各国を包摂する「欧州安全保障協力機構」（OSCE）の機能の十分な発揮を妨げた。北東アジアには米日、米韓、南太平洋に米豪の二国間軍事同盟が存在するが、地域全体を覆うような軍事同盟は存在しない。逆に、東南アジアでは、OSCEが築こうとした安全保障共同体というべき東南アジア諸国連合（ASEAN）が、何層にも重なる、域外主要国も包摂する多国間協力組織をつくり上げている（拙書『戦争と領土拡大　ウクライナと国際秩序の行方』新日本出版社、二〇二二年、第5章）。

こうした構図の中で展開されている米中の覇権争いを武力衝突にさせないための条件をつくりださなければならない。

米中はそれぞれ、相手をどのような脅威とみなしているのか。第Ⅲ章でも取り上げたバイデン政権の国家防衛戦略（NDS、二〇二二年一〇月）は、中国の脅威を次のように規定している。

米国の国家安全保障に対する最も包括的で深刻な挑戦は、インド太平洋地域と国際システムを自国の利益と権威主義の好みに合うように作り変えようとする、中国の強圧的でますます攻撃的な試みである。中国は、インド太平洋地域における米国の同盟関係や安全保障上のパートナーシップを弱体化させ、経済的影響力および人民解放軍の増大する戦力と展開を含む能力の拡大を利用し、近隣諸国を威圧してその利益を脅かそうとしている。台湾に対する中国の挑発的な言動と威圧的な行動は、台湾海峡の平和と安定を、不安定化させ、判断を誤らせる危険を冒し、脅かしている。それは、東シナ海、南シナ海、さらに（中国・インド間の）実効支配線に沿って広がる、より広範な中国による不安定化と強圧的な行動形式の一部である。中国は、米国の軍事的優位性を相殺することに重点を置き、人民解放軍をほぼ全面的に拡大し、近代化してきた。中国はそのため、米軍にとって刻々と深刻化する挑戦となっている。

他方、中国外交部の「米国覇権主義とその危険性」（"US Hegemony and Its Perils", Ministry of Foreign Affairs of the People's Republic of China, February, 2023）は、政治（「世界中で力を振りかざす」）、軍事（「理不尽な武力行使」）、経済（「略奪と搾取」）、技術（「独占と抑圧」）、文化（「偽りの物語の拡散」）における米国の覇権主義を徹底批判している。総論は以下のとおりだ。

米国は、二度の世界大戦と冷戦を経て世界一の大国となって以来、いっそうあからさまに他国の内政に干渉し、覇権の追求・維持・濫用、破壊と侵略の推進、意図的な戦争遂行など、国際社会に損害を与える行動をとってきた。

米国は、民主主義、自由、人権の促進の名の下に、「カラー革命」を演出し、地域紛争を扇動し、さらには直接戦争を開始するという覇権主義の戦略を展開してきた。冷戦思考に固執し、ブロック政治を拡大し、紛争と対立を煽ってきた。国家安全保障の概念を過度に拡大し、輸出管理を濫用し、他国に一方的な制裁を強要してきた。国際法と国際ルールに対して選択的に対応をし、自分の都合に合わせて利用あるいは破棄し、「ルールに基づく国際秩序」の維持という名の下に、自らの利益に資するルールを課そうとしてきた。

政治的覇権批判では、「米国は長らく、民主主義と人権の促進という名の下に、自身の価値観と政治体制で他国と世界秩序を形成しようとしてきた」と主張する。

「民主主義の推進」の名の下に、ラテンアメリカで「ネオ・モンロー主義」を実践し、ユーラシアで「カラー革命」を扇動し、西アジアと北アフリカで「アラブの春」を画策し、多くの国に混乱と災害をもたらした。

アジア太平洋地域に「インド太平洋戦略」を押し付け、ファイブ・アイズ、QUAD、AUKUSのような排他的なクラブを結成し、地域諸国に味方につくよう強要している。このような慣行は、本質的に、地域に分裂を生み、対立を煽り、平和を損なうことを意味する。

また、経済覇権主義の例証として一九八〇年代の日本の半導体産業への攻撃に言及し、現在の中国先端技術産業への抑圧・制裁を非難する。

米国は、日本の半導体産業の発展を抑制するために、通商法三〇一条調査を開始し、多国間協定を通じた二国間交渉において交渉力を構築し、……日本に日米半導体協定への署名を強制した。その結果、日本の半導体企業は国際競争からほぼ完全に排除され、米国政府の支援を受けて、多くの米国半導体企業がこの機会を利用してより大きな市場シェアを獲得した。

米国は、技術問題を政治化し、兵器化し、イデオロギー的道具として利用している。国家権力を動員して中国企業ファーウェイを抑圧・制裁した。

敵対的非難の一方、米国のNDSは、「中国との衝突は避けられないものでも、望ましいものでもない」とも表明する。

重要な目的は、米国の重要な国益を脅かすという目標推進の実行可能な手段として侵略を検討することを中国に思いとどまらせることである。中国との衝突は避けられないものでも、望ましいものでもない。

中国外交部文書の「結論」は、米国覇権主義の打倒ではなく、「真剣な反省」の要求である。

米国は、その力で真実を覆し、自己の利益のために正義を踏みにじってきた。これらの一方的、利己的、退行的な覇権主義的慣行は、国際社会からの激しい批判と反対を引き起こしている。米国は真剣に反省しなければならない。何をしたのかを批判的に検討し、傲慢と偏見を捨て、覇権主義、横暴、いじめの慣行をやめるべきだ。

であるが故に、未だ米中の武力衝突には至っていないのだが、米国は抑止力の増強という「安全保障のジレンマ」の深刻化をすすめ、中国は米国の覇権主義を批判しつつ、自らは、東シナ海・南シナ海の領有権をめぐる問題で、力による現状変更という別の覇権主義の道を歩んでいる。

そうした現実と、軍事力による抑止が優先され、欧州安全保障協力機構（ＯＳＣＥ）を機能させることなく「安全保障のジレンマ」を深刻化させた教訓から、東アジアの平和の条件の第一が明らかになる。それは、ＡＳＥＡＮと域外八カ国（日本、中国、韓国、米国、ロシア、インド、オーストラリア、ニュージーランド）で構成する「東アジアサミット」（ＥＡＳ）を地域安全保障システムの中心に位置付け、さらに効果的にすることだ。ＥＡＳはすでに、武力不行使、紛争の平和的解決などを内容とする政治宣言（二〇一一年、バリ宣言）で合意している。ＡＳＥＡＮが展望するより実践的な枠組みへの発展の方向で、各参加国が力を尽くす必要がある。

**台湾海峡の緊張**　バイデン政権の二〇二二年ＮＤＳは、台湾をめぐる中国の「言動と威圧的な行動」を批判し、それが事態を不安定化させ、判断を誤らせる危険をもたらすと警告している。中国は、米国が日本とともに台湾問題で軍事介入するための演習を進め、平和の雰囲気を損ない、緊張を激化させていると非難し、台湾統一の問題は内政問題だとして、武力統一の選択肢を放棄しようとしない。

「台湾問題と真の抑止の源泉」と題された米外交誌『フォーリン・アフェアーズ』（二〇二四年一・二月号）に掲載された元米国務省当局者らの論評は、「アメリカは、中国を威嚇するだけでなく、保障しなければならない」と主張している（"Taiwan and the True Sources of Deterrence: Why America Must Reassure, Not Just Threaten, China", Foreign Affairs, January/February 2024）。

論評は、「『あと一歩踏み込んだら撃つぞ』という抑止の脅しとなり得るのは、『もしやめたら、私はやらない』という暗黙の保証が伴っている場合だけである」という現代抑止論の基礎を築いたシェリングの言葉を引用して、現状を次のように描く。

攻撃すれば受け入れられないほどに反撃すると威嚇する懲罰的抑止は、攻撃しない場合には懲罰の軍事力は使わない、という保証がなければ成立しない。しかし、台湾問題の当事者（米国、台湾、中国）はそれぞれ、その保証を十分提供していないために行動と反応の危険な悪循環に拍車をかけている。

表面的には、米政府高官は台湾の独立を支持しないことを再確認し、中国の指導者たちは「平和的統一」が望ましい選択肢であることを表明し（ただし、戦争に至らない程度の強制の試みは平和的とみなす）、台湾政府は正式の独立推進を手控えている。問題なのは、三者それぞれが、自らの決意を示そうとして、その表面的な対応を実質的に否定するような言動の範囲を拡大していることだ、と論評は指摘する。

**台湾住民の意思**　誰も軍事衝突の可能性をゼロと断言することはできない。しかし、台湾住民の明確な意思は、軍事衝突を回避する上で依拠すべき確実な事実だ。

台湾国立政治大学選挙研究センターが一九九四年以来、調査発表している台湾住民の独立に対する立場の変化をみると、特に二〇一九年以降、圧倒的に現状維持を支持していることが明らかにされている。そこには二〇一九年から二〇二〇年にわたってたたかわれた香港民主化デモの影響も見て取れる（図5）。

二〇二三年六月の最新調査結果は、⑥「永久に現状維持」が三二・一パーセント、②「現状維持、後に決定」が二八・六パーセント、③「現状維持、独立に進む」が二一・四パーセントとなっており、現状維持が八割を超え、中でも⑥が急増し、③が減少している。「即時独立」は減少傾向の四・五パーセント、「即時統一」は一・六パーセントでほとんど変わらない（Changes in the Unification-Independence Stances of Taiwanese as Tracked in Surveys by Election Study Center, NCCU）。

図５　統一・独立についての台湾住民の意識変化(1994 ～ 2023.06)

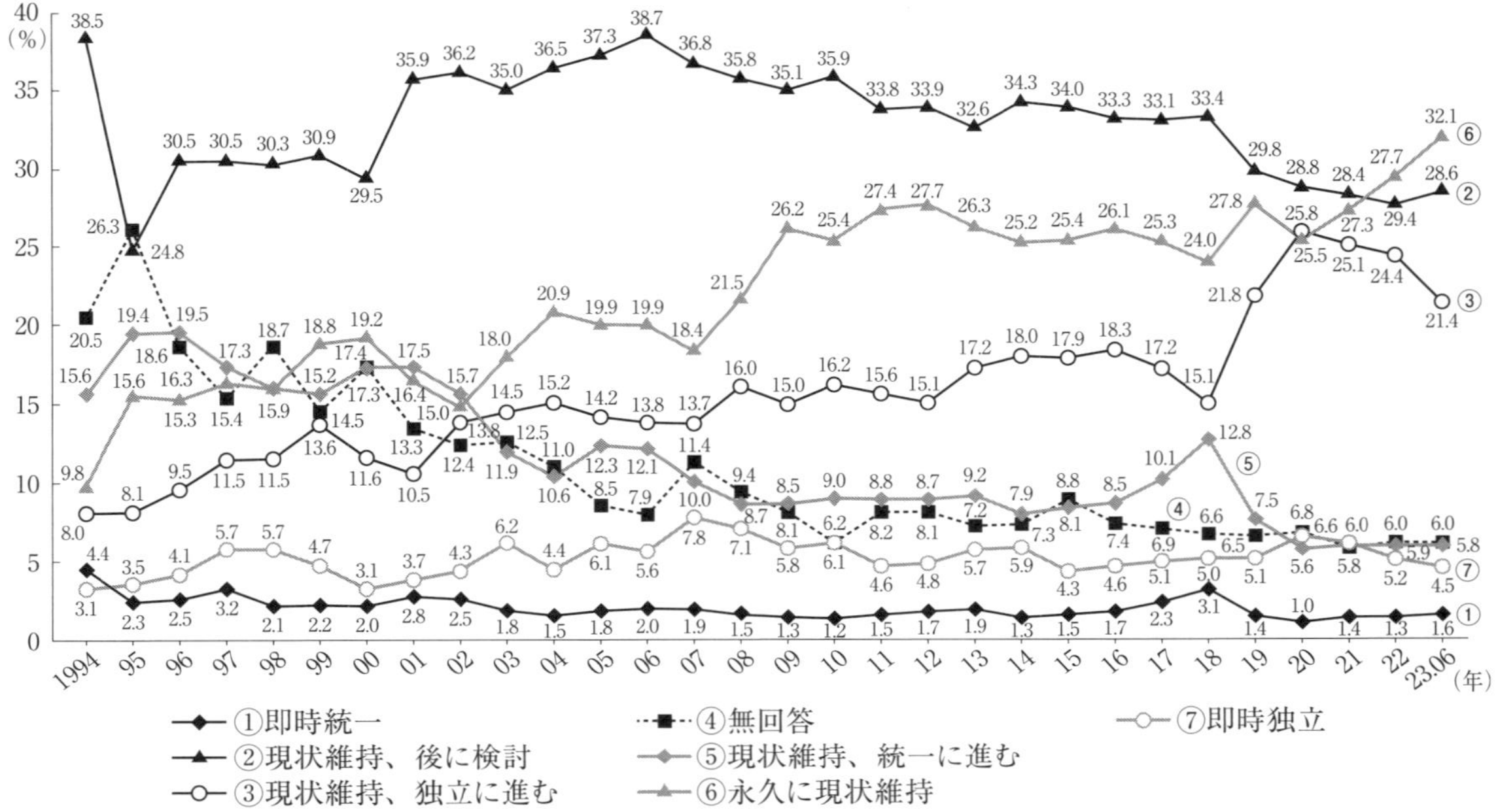


出所：台湾国立政治大学選挙研究センター

## ②「東アジア共同体」

「東アジアにおいては、目を見張る経済発展が進んでいます。我が国は、地域の諸国と共に、経済開発に向けた彼ら自身の取組の基盤作りのために取り組んでいます。この地域においては、共同体作りを促進する積極的取組が行われています。ASEAN+3の基礎の上に立って、私は『東アジア共同体』構想を提唱しています」。

二〇年前、二〇〇四年九月の国連総会での小泉純一郎日本国首相の演説である。

小泉首相はこれに先立つ二〇〇二年一月、東南アジア諸国の最後の訪問地シンガポールで、日本政府として初めて「東アジア・コミュニティ」(an East Asian community) 構想を表明した。ASEAN+3（日中韓）にオーストラリア、ニュージーランドを加え、東アジアを「共に歩み、共に進むコミュニティ」にしようとの提案だったが、きわめて抽象的なものにとどまった。二〇〇三年一二月、東京で開催した日本・ASEAN特別首脳会議では、日本とASEANを中心に「東アジア・コミュニティ」の創設に向け、協力するとの「東京宣言」が採択された。しかし、コミュニティのメンバーと想定される中国と韓国については一言の言及もなかった（当時、日本のGDPは中国の二・五倍、韓国の六倍だったという背景もある）。

日本政府はまた、この「東アジア・コミュニティ」が排他的構造としての「東アジア共同体」ではないことを、世界、特に米国に申し開きするため、英語では必ず、不定冠詞のanをつけ、

communityと小文字のcにしていた（小泉首相の国連演説ではCommunityと大文字となったが、不定冠詞のanは変わっていない）。

この二〇〇四年当時、日本では東アジア共同体をめぐって多くの議論がなされたが、関心の中心は、日本の経済的停滞（「失われた一〇年」）と経済のグローバリゼーションへの対処であり、また欧州連合（EU）の発展に刺激された国家主権を超える共同体の可能性を探るというものだった。しかし、実際の共同体への接近は、一九九七年のアジア経済危機を直接のきっかけとして、ASEANを軸に展開する東アジアの構造的変化として現れていた。

まず、アジア経済危機勃発直後の一九九七年一二月、マレーシアのマハティール首相（当時）の主導で、ASEANと日中韓三国の首脳会議がクアラルンプールで開かれ、これ以後、ASEAN＋3（APT）首脳会議が、ASEAN首脳会議に合わせて開催されることが合意された。

一九九八年一二月のAPT首脳会議では、金大中韓国大統領（当時）がAPTを軸にした東アジアの結束強化の方策の研究を提案し、翌九九年に賢人会議方式の「東アジアビジョングループ」（EAVG）が発足。二〇〇〇年APT首脳会議では、政府関係者による「東アジア・スタディ・グループ」（EASG）が設置される。これらのグループは、APT首脳会議を基礎に東アジアサミット（EAS）へ進化する案などを示した。

これらの提案を受けて、二〇〇四年APT首脳会議は、一年後に第一回東アジアサミット（EAS）を開催することを正式に決定。二〇〇五年七月、ASEAN外相会議はEAS参加資格を、①A

SEANと実質的な関係がある、②東南アジア友好協力条約（TAC）支持の表明、③ASEAN対話国、と定めた。

第一回東アジアサミットは二〇〇五年一二月、APTにインド、オーストラリア、ニュージーランドを加えた一六カ国首脳が参加、ロシアのプーチン大統領がオブザーバーとして加わってクアラルンプールで開かれた（ロシアは二〇〇四年にTACに調印）。

東アジアの構造的変化はさらにすすみ、アジア回帰を掲げるオバマ米政権はTACに調印してEASに参加する。米国とロシアを含む加盟一八カ国となったEASは二〇一一年首脳会合で、「互恵関係に向けた原則に関する宣言」（バリ宣言）に調印した。政治宣言であって拘束力には限界があるが、地域安全保障の新しい可能性を切り開く方向に発展した。

宣言は、◇独立、主権、平等、領土保全、国家的同一性のための相互尊重の強化、◇国際法の尊重、◇善隣、パートナーシップ、共同体構築の促進、◇他国の内政への不干渉、◇国連憲章に整合的な形での、武力による威嚇及び他国への武力行使の放棄、◇基本的自由の尊重、人権の促進・保護、社会的正義の促進、◇相違や紛争の平和的解決、などを内容とする相互の関係の原則を定めた。

日本国首相が国連総会で提唱した「東アジア共同体構想」がどこまでのものだったかは別にして、日本政府はこの間、構想を具体化することも、安全保障構想として発展させることもなかった。

### ③北東アジアの場合

日中韓三国は一九九七年以来、ＡＳＥＡＮと合同のＡＳＥＡＮ＋３（ＡＰＴ）首脳会議を開いてきたが、一九九九年の首脳会議の際、朝食会として日中韓の首脳が会合し、それ以降ＡＰＴの際に別枠で三国首脳会談を開催してきた。日中韓は二〇〇八年にいたってようやく、ＡＳＥＡＮ＋３の枠組みから独立した三国首脳会議を発足させた。二〇一一年には、日中韓の定期首脳会議の事務局体制として、「日中韓三国協力事務局」がソウルに設置されている。日中韓三国の定期首脳会議の成立もＡＳＥＡＮ＋３の枠組みに依存したものだった。日中韓首脳会議は二〇一九年一二月の第八回以降、開催されていないが、二〇二三年一一月、四年ぶりに開催された日中韓外相会議で、「日中韓サミット」開催が確認されている。

**北朝鮮核問題**　北朝鮮は最近の核交渉では、金正恩朝鮮労働党総書記が二〇一九年の米朝首脳会談（ハノイ）でトランプ米大統領（当時）に「二〇一六年以降のすべての国連制裁を解除することと引き換えに北朝鮮は寧辺各施設を放棄する」と提案している。しかし、米国政府は核兵器計画全体の放棄を要求し、合意はならなかった（ボルトン元大統領安全保障担当補佐官『回想録』、John Bolton, "The Room Where It Happened: A White House Memoir"）。

北朝鮮は現在、「世界的な核列強としての朝鮮民主主義人民共和国の地位は、最終的で不可逆的」と主張し（二〇二三年四月、崔善姫外相談話）、同年九月には、「責任ある核保有国として、国の生存権と発展権を保証して戦争を抑止し、地域と世界の平和と安定を守るために、核兵器の発展を高度化する」と憲法に書き込んだ。また、二〇二三年末の朝鮮労働党中央委員会総会の結語で金正恩総書記は、韓国との関係を「敵対的な関係、戦争中の交戦国の関係」だと規定している。

振り返ってみると北東アジアでは、二〇〇四年の小泉首相の「東アジア共同体」国連演説の時期、安全保障の仕組み、特に北朝鮮との関係をめぐって、重大な変化が重なっていた。

二〇〇二年九月には、小泉首相と北朝鮮の金正日国防委員長は、日本による植民地支配の清算、北朝鮮による拉致、核・ミサイル開発などの諸懸案を、包括的に解決し国交正常化に進む方向を示した「日朝平壌宣言」をまとめていた。双方は、地域の関係各国相互の信頼に基づく協力関係の構築と地域の信頼醸成を図るための枠組みを整備していく重要性の認識でも一致した。

二〇〇三年八月には、朝鮮半島非核化に関する六者（日、米、中、ロ、韓、北朝鮮）協議の第一回会合が開かれた。さまざまな提案と紆余曲折があったが、二〇〇五年九月には六者協議共同声明がまとめられた。声明は、北朝鮮が各計画を放棄し、米国は北朝鮮を攻撃する意図を有しないことを確認。さらに、米国と日本は北朝鮮との国交正常化を約束し、「六者は北東アジア地域における安全保障面の協力を促進するための方策について探求する」ことで合意した。しかし、よく知られたとおり、北朝鮮は米国の対北朝鮮金融制裁措置に反発し、共同声明の約束を破棄し、二〇〇六年一〇月に最初の核実験を実施。六者協議は二〇〇七年三月の会合が最後となった。

その後も、金正恩・トランプ会談を含め、米朝間の交渉で様々な提案や合意がなされたが、北朝鮮は独自の解釈を主張して核兵器開発計画についての約束は果たさず、現在までに六回の核実験を繰り返している。

この間の交渉と北朝鮮の対応の全体を振り返ってみると、核開発をやめさせるという緊急性はあるにしても、「約束対約束、行動対行動」という方式（それは、北朝鮮自身の要求でもあったが）で実際の成果を求める点で、拙速だったと言えるかもしれない。実際には、六者協議では成果に結びつかない会合が繰り返されたのだが、対話それ自体に、合意の可能性の維持という役割と価値を見いだすＡＳＥＡＮ流の視点が欠けていたともいえる。

現在の北朝鮮の核兵器開発と対韓国姿勢を考えれば、解決は困難で、おそらく北朝鮮は米国政府との二国間の交渉を追求する。その場合、対話の継続による信頼醸成を目的とする北東アジア規模の包摂的な枠組みの役割は有意義といえる（北朝鮮はインド太平洋規模の「ＡＳＥＡＮ地域フォーラム」に加わっているが）。

④「**敵はいかにして友人となるか**」

一三世紀から現代まで、敵国同士が友好国となる歴史的事例を検証したチャールズ・カプチャン（米国ジョージタウン大学国際政治学教授）の『敵はいかにして友人となるか　安定的平和の基礎』（二〇一〇年）という研究がある（Charles A. Kupchan, "How Enemies Become Friends: The Sources of Stable Peace"）。

その中心的解明の一つは、ＡＳＥＡＮの成立と発展を踏まえた、民主主義国家同士でなければ平和構築はできない、という主張を否定し、それは必要条件ではないとしたことだ。

国家はどのような経路を通じて未解決の不満を解消し、地政学的競争を緩和し、平和地帯の構築に成功するのか？　敵同士が友人となる一連のプロセスはどのようなものなのか。第二に、安定した平和地帯はどのような状況下で形成されるのか。いかなる因果的条件が、安定した平和を生み、持続させるのか？

本書は民主主義が平和のために必要であるという主張に反論し、非民主主義国家が国際的安定のための信頼できる貢献者になりうることを実証する。従って、米国は各国が敵か味方かを、国内制度の性質ではなく、その国家運営を評価することによって判断すべきである。同様に、商業的相互依存が平和を促進する上で補助的な役割しか果たさないことを明らかにしている。商業的相互依存は社会的連携を深めるのに役立つが、それはまず政治的開放によって和解の道が開かれた後に限られる。貿易や投資ではなく、巧みな外交こそが、敵を平和への道へと導くために必要な重要な要素なのである。

第五章の「安全保障共同体」では、一八一五年から一八四八年までの「ヨーロッパ協調」（Concert of Europe）、一九四九年の発足から一九六三年までの欧州共同体、一九六七年の創設から現在までのＡＳＥＡＮの「三つの安全保障共同体の成功例を検証」して、次のように総括している。

和解とは、国家間の対立が収束し、地政学的な競争がなくならないまでも緩和されることを意味する。安全保障共同体は、安定した平和のより進化した形であり、当事国は平和的関係に対する相互の期待を超えて、相互作用の指針となる一連のルールと規範に合意する。ライバル関係は、単なる平和的共存ではなく、制度化された行動規範によって平和化され秩序づけられた国際社会への道を開く。加盟国の利害は単に一致するのではなく、一致するようになる。そして、加盟国は、相容れない個別アイデンティティを持つのではなく、共有されたアイデンティティを抱くようになる。このような理由から、安全保障共同体は、和解よりも進んだ、あるいは「厚みのある」国際社会の形態なのである。

カプチャンは、一三世紀以来の歴史的事例に示される「敵が友人となる」最初の段階を次のように総括している。

和解は一方からの調整で始まる。すなわち、複数の脅威に直面する国家は、戦略的自制を働かせ、敵対国に譲歩して、自国の不安要因の一つを取り除こうとする。このような譲歩は和平の申し出であり、敵対とは対照的な無害の意思を示そうとする先制行動である。

敵対国と関係を持つことは、宥和《ゆうわ》（appeasement）ではない。外交である。長年の対立関係は、孤立や封じ込めではなく、交渉と相互調整によって終結する。適切な状況と巧みな外交の下で、敵は友人になることができる。本書の多くの歴史的事例が明らかにしているように、関与が常に地政学的対立を終わらせることに成功するわけではない。しかし、そのように働く可能性がある。現在の東アジアの状況を、今にも「中国が台湾に侵攻したり、北朝鮮が南進したり」するとみなすのも短絡的かつ非現実的だが、誰も可能性をゼロだとは断言できない。だが、その対応策を「米国と同盟国がさらに中朝への抑止を強めるしかない」と定めれば、「安全保障のジレンマ」——自国の安全保障を確保しようとする行為が、自国および関係国の安全保障の低下につながる——を深刻化させ、逆に戦争への道となる。カプチャンが指摘する歴史的事例が、現在の世界の安全保障体制の発展方向に合致しているかどうかは別にして、敵対から友好への関係変化は「一方からの調整行動で始まる」ことは歴史の示すところだ。

森原公敏（もりはら・きみとし）
1949年、広島県出身。国際問題研究者。1973年山口大学卒業。「赤旗」記者としてワシントン特派員、ロンドン特派員などを歴任。著書に『NATOはどこへゆくか』（新日本出版社、2000年）、『戦争と領土拡大』（同前、2022年）。

ガザ、ウクライナ…　戦争《せんそう》の論理《ろんり》と平和《へいわ》の条件《じょうけん》

2024年 5 月25日　初　版

著　者　森　原　公　敏
発行者　角　田　真　己

郵便番号　151-0051　東京都渋谷区千駄ヶ谷 4-25-6
発行所　株式会社　新日本出版社
電話　03（3423）8402（営業）
03（3423）9323（編集）
info@shinnihon-net.co.jp
www.shinnihon-net.co.jp
振替番号　00130-0-13681

印刷・製本　光陽メディア

落丁・乱丁がありましたらおとりかえいたします。


ISBN978-4-406-06800-0 C0031　Printed in Japan

好評の既刊書

森原公敏著

## 戦争と領土拡大　ウクライナと国際秩序の行方

四六判208ページ

「戦争による領土拡大」はいかにして禁じられたか――かつて戦争による領土決定は当然視された。その時代から「領土不拡大」の原則がどのように確立・定着してきたのか、一〇〇年の歴史を追って検証する。第二次世界大戦での日米関係、大西洋憲章、ヤルタ秘密協定などをめぐる米国の公式外交文書も研究し、貴重な発見も。ロシアによるウクライナ侵略の行方を考える上でも必読！